W0398927

Kohlhammer

Markus Horneber, Claudia Möller,
Christine Tegtmeier

Nachhaltigkeitsmanagement im Gesundheitswesen

Verantwortung für die Zukunft übernehmen

Verlag W. Kohlhammer

Buchcover:
Bild von Clker-Free-Vector-Images auf Pixabay
iStock | Jasmina007

1. Auflage 2023

Gesamtherstellung: W. Kohlhammer GmbH, Stuttgart

Print:
ISBN 978-3-17-043045-7

E-Book-Formate:
pdf: ISBN 978-3-17-043046-4
epub: ISBN 978-3-17-043047-1

Inhalt

Autor:innenverzeichnis

Dr. Markus Horneber

Dr. Markus Horneber ist ein erfahrener Gestalter im Gesundheitswesen. Seit dem 1. April 2012 ist er Vorstandsvorsitzender der AGAPLESION gAG und zudem seit 2018 Vorstand der AGAPLESION Stiftung. Davor war er Kaufmännischer Geschäftsführer der Klinikum Chemnitz gGmbH und Aufsichtsratsvorsitzender von zehn Tochtergesellschaften des Unternehmens. 14 Jahre lang war er zudem Leitender Verwaltungsdirektor des Evangelisch-Lutherischen Diakoniewerks Neuendettelsau. Erste Managementerfahrungen sammelte er bei Siemens als Kaufmännischer Leiter des Geschäftszweigs Standard Derivate des Geschäftsbereichs Halbleiter. Dr. Horneber promovierte 1994 im Fachbereich Wirtschafts- und Sozialwissenschaften der Universität Erlangen-Nürnberg im Anschluss an sein Studium der Betriebswirtschaftslehre.

Claudia Möller

Claudia Möller, Dipl.-Pflegewirtin (FH), begann ihre Tätigkeit bei AGAPLESION im Juni 2012 als Trainee zur Nachwuchsführungskraft. Zuvor arbeitete sie als Beraterin im ambulanten Sektor mit den Schwerpunkten Qualitätsmanagement und Praxisorganisation. Im Juni 2013 wechselte Frau Möller in den neu gegründeten Zentralen Dienst FuE & Innovationsmanagement, im September 2015 übernahm sie dessen Leitung. Sie ist zudem Innovationsmoderatorin, Praxismanagerin (IHK) und DGQ-Qualitätsbeauftragte sowie interne Auditorin.

Christine Tegtmeier

Christine Tegtmeier, M.Sc. Gesundheitsökonomie, begann ihre Tätigkeit bei AGAPLESION im Januar 2020. Zunächst arbeitete sie als Mitarbeiterin des Zentralen Dienstes Interne Revision, bevor sie in die Position als Vorstandsreferentin von Dr. Horneber wechselte. Im Juli 2021 übernahm sie die Leitung des Zentralen Dienstes Unternehmensentwicklung. Nach ihrem Studium an der Universität Bayreuth arbeitete Frau Tegtmeier zunächst als Referentin der Geschäftsführung in einem Krankenhaus der Schwerpunktversorgung.

1 Ohne persönliche Leidenschaft wird nicht viel passieren

Hier schreiben wir Ihnen, warum wir schreiben, was wir schreiben und wie wir schreiben. Und was Sie erwartet. Wenn Sie alles lesen.

Es ist ein Kennzeichen unserer Zeit, dass sich viele Menschen in Deutschland, Europa, aber auch in der Welt angesichts der Häufung von Krisen die Frage stellen, wie wir in Zukunft leben wollen. Vielleicht muss die Frage besser lauten: Wie wir in Zukunft leben können!?

Bislang mussten die meisten von uns selten auf etwas verzichten. Im Gegenteil, alles wurde immer mehr: mehr Autos, mehr Urlaub, mehr Kleidung und Schuhe für alle. Die Wirtschaft wuchs und mit ihr der Wohlstand. Die große Masse der Menschen hat profitiert.

Und jetzt stehen wir am Scheideweg. Wir werden zu Entscheidungen gezwungen, die lange verdrängt wurden oder lange gar nicht so drängend schienen. Jetzt haben wir die Flüchtlingskrise von 2015 deutlich vor Augen, vor allem den Satz unserer damaligen Bundeskanzlerin: »Wir schaffen das«. Und unsere Gesellschaft hat die Herausforderung vergleichsweise gut bewältigt. Auch wir im Gesundheitswesen. Kaum war diese Herausforderung einigermaßen vorbei, kam 2020 die Corona-Pandemie über uns, die die Welt aus den Fugen gehoben hat. Nichts ist mehr wie zuvor. Und als wäre das alles noch nicht genug, hat Putin Anfang 2022 den Angriffskrieg gegen die Ukraine gestartet. Jetzt sind Themen wie Energieknappheit, Rohstoffmangel, Fragen der internationalen Arbeitsteilung und galoppierende Inflation solche, die ganz oben auf der Agenda stehen. Die Klimakrise, die schon in den 1960er-Jahren ihren Ausgangspunkt nahm und jetzt zu eskalieren droht, ist ein weiteres unbewältigtes, großes Thema. Gleichzeitig stellen sich viele Fragen, wie weit wir künftig mit den Abhängigkeiten der internationalen Arbeitsteilung leben wollen. Hat die Globalisierung ihren Zenit überschritten? Das Zutrauen schwindet, dass unser Wohlstand Bestand hat und damit auch die Möglichkeit, den enorm ausdifferenzierten Wohlfahrtsstaat mit seinen umfangreichen Sozialleistungen weiter zu finanzieren. Viele weitere Punkte, die mit dem Zuschnitt des Sozialstaats in einer rasch alternden Bevölkerung verbunden sind, fordern uns im Gesundheitsbereich in ganz besonderer Weise heraus.

Als Bürgerinnen und Bürger, vor allem aber als diejenigen, die Verantwortung tragen, stehen wir manchmal ohnmächtig vor der gerade nur holzschnittartig beschriebenen Dystopie. Wir sind ratlos, fühlen uns machtlos. Manchmal entstehen hieraus Verdrossenheit oder sogar Wut. Wir lesen viele wohlgemeinte Ratschläge und versuchen, uns mit den Gegebenheiten zu arrangieren - aber können wir wirklich ganz praktisch etwas tun?

Ja – wir stehen vor einer enormen gesellschaftlichen Herausforderung. Nun sind wir keine Politiker:innen, sondern verantwortungsvolle Bürger:innen, Arbeitnehmer:innen oder Arbeitgeber:innen. Wir haben viele Gestaltungsmöglichkeiten, wir sind klug und in der Lage, Innovationen hervorzubringen. Wir leben in einer freien Gesellschaft, in der ein breiter Konsens existiert, dass wir in einer Demokratie eher in der Lage sind, die großen Herausforderungen unserer Zeit zu bewältigen, als in einem autoritären System (Köcher 2022, S. 10).

Unser Ziel mit diesem Buch ist es, aufzuzeigen, wie wir Verantwortung übernehmen können, wie wir etwas verändern können. Wir zeigen, mit welchen Methoden, mit welchen Konzepten und mit welchen Handlungsweisen wir das Thema Nachhaltigkeit de facto voranbringen können. Denn wir drei Autor:innen sind der Meinung, dass wir als Verantwortliche in Deutschlands größtem christlichen Gesundheitsunternehmen eine ganze Menge an Möglichkeiten haben, um unsere Verantwortung für die Erde und auch für zukünftige Generationen wahrzunehmen. Das ist ein starkes gemeinsames Motiv, das uns angetrieben hat, dieses Buch zu schreiben. Darüber hinaus hat jeder von uns seine eigene Perspektive, die wir Ihnen im Folgenden gerne kurz vorstellen möchten.

Es würde uns sehr freuen, wenn es uns gelingen würde, Sie mit unserer Thematik anzustecken und auch Sie die Spielräume, die Sie persönlich und in Ihrem Unternehmen haben, erkennen und nutzen würden, um die Nachhaltigkeit zu befördern.

1.1 Wer wir sind und was uns antreibt, dieses Buch zu schreiben

Dr. Markus Horneber

Meine Freude ist groß, dass sich die Nachhaltigkeit so in den Vordergrund unseres Handelns schiebt. Der Grund hierfür liegt darin, dass ich mich schon in meiner Dissertation von 1997 sehr intensiv damit beschäftigt habe. Damals unter dem Titel »Innovatives Entsorgungsmanagement«. 25 Jahre sind lange her, aber manche Gesetze, die Grundlage meiner Arbeit sind, werden auch in 100 Jahren nichts von ihrer Brisanz verloren haben – zum Beispiel der zweite Hauptsatz der Thermodynamik, das Entropiegesetz.

Wer sich einmal damit beschäftigt hat, versteht, dass es keinen »Umweltschutz« gibt. Allein durch unsere Existenz verbrauchen wir Ressourcen und beeinträchtigen die ökologische Umwelt. Die Frage ist allerdings, in welchem Ausmaß und mit welchem Bewusstsein wir das tun.

Ich fahre normalerweise längere Strecken mit dem Zug. Jedes Mal, wenn ich in den ICE steige, muss ich lesen, dass ich gleich mit »Deutschlands schnellstem Klimaschützer unterwegs« bin. Als ob das Klima geschützt werden würde, wenn an die 800 Tonnen Gewicht mit 250 km/h durch die Gegend rasen. Aber dazu später mehr!

Zugegebenermaßen wird die Umwelt weniger beeinträchtigt, wenn ich den Zug nehme anstelle meines über 30 Jahre alten Autos, das nicht gerade wenig Sprit verbraucht. Allerdings ist es schon in der Welt und muss im Gegensatz zu einem modernen E-Auto nicht erst mit viel Energieaufwand produziert werden. Wer glaubt, Tesla sei ein umweltfreundliches Auto, muss unbedingt unser Buch zu Ende lesen. Auf Scope-3-Basis ist meine Welt also ok. Sie sehen schon, je tiefer wir einsteigen, desto komplizierter wird die Materie. Und am Ende der Lektüre werden Sie für sich die Frage beantworten, ob Sie es noch verantworten können mit dem schicken SUV durch die Gegend zu kurven, zum Beispiel um auf dem Bauernhof Bio-Lebensmittel einzukaufen.

Aber wir werden natürlich nicht über die Automobilbranche reden bzw. schreiben, sondern über die Branche, die uns jeden Tag bewegt und in Atem hält: das Gesundheitswesen. Den besonderen Fokus werden wir auf die Krankenhäuser legen. Allerdings werden Sie feststellen, dass vieles von dem, was wir schreiben, ganz grundsätzliche Prinzipien und Handlungsweisen sind – sie sind ganz problemlos auf das gesamte Gesundheitswesen sowie auch auf andere Branchen übertragbar. Ein klein wenig funktional-abstraktes Denken vorausgesetzt – aber das wird Ihnen leichtfallen.

Claudia Möller

Ich beschäftige mich mit dem Thema Nachhaltigkeit persönlich erst seit Kurzem. Und um ehrlich zu sein, mein ökologischer Fußabdruck ist derzeit nicht besonders gut: Er liegt bei ca. 12 Tonnen CO_2-Äquivalente pro Jahr. Würden alle Menschen wie ich leben, bräuchten wir ca. 2,8 Planeten Erde.

Ich bin in meinem bisherigen Leben schon einige Mal zum Spaß mit dem Flieger irgendwohin geflogen oder habe Strecken, die ich mit dem Rad fahren könnte, mit dem Auto zurückgelegt. Zudem bin ich auch noch Motorradfahrerin. Ich esse aktuell noch zu viel Fleisch, meine Wohnung ist für mich allein zu groß und ich muss an meinem Konsumverhalten arbeiten.

Einen richtigen Anlass zum Umdenken gab es bei mir eigentlich nicht und sicher mache ich auch noch vieles »falsch«. Aber seit einiger Zeit versuche ich, im Kleinen etwas zu bewirken – für mich und für die kommenden Generationen. Gerade wir in Deutschland haben doch so viele Möglichkeiten, etwas zu tun. Wir kämpfen nicht ums nackte Überleben oder darum, irgendetwas zu trinken oder zu essen zu bekommen.

Ich habe mich also gefragt, was ich tun kann. Daher bin ich zum Beispiel eine Kinderpatenschaft mit einem Kind aus Ghana eingegangen. Ich versuche viel öfter, unverpackte Lebensmittel und in kleineren Mengen zu kaufen. Ich fahre regelmäßig mit dem Rad zur Arbeit oder laufe die Strecke. Ich investiere Gelder in nachhaltige Fonds und versuche, alte, gebrauchte Dinge weiterzugeben, anstatt sie wegzuwerfen. Ich habe bei einer Wiederaufforstungs-Aktion des Taunus mitgeholfen und ein paar Bäume gepflanzt. Des Weiteren will ich mich in Zukunft ehrenamtlich betätigen. Sicher gibt es noch viel zu tun. Ein Anfang ist aber gemacht. Und bei Ihnen?

Christine Tegtmeier

Auch ich fahre oft mit dem Zug. Gerade in diesem Moment wieder. Im Gegensatz zu Dr. Markus Horneber komme ich mir dabei jedoch recht nachhaltig vor. 22,40 € hat mein Zugticket für die Fahrt von Frankfurt nach Köln gekostet. Bei den heutigen Spritpreisen gut für meinen Geldbeutel. Ökonomisch nachhaltig.

Es ist Donnerstagabend, 19 Uhr. Der Herr, der neben mir sitzt, hat ebenfalls seinen Laptop aufgeklappt. Auf dem Vierersitz weiter vorne sitzt eine Mutter mit ihren zwei kleinen Kindern. Zugegeben, das Tastengeklimper und das Geschrei der Kinder ist nicht gerade angenehm. Nervenschonend ist die Zugfahrt für viele im Vergleich zum Autofahren jedoch allemal. Sozial nachhaltig.

Der ICE als »Deutschlands schnellster Klimaschützer«. An dem Marketingclaim kann man sich stören. Etwas dick aufgetragen. Wer mobil sein möchte, der verbraucht Ressourcen. Es sei denn, er geht zu Fuß oder fährt mit dem Fahrrad. Dies ist mir jedoch für die Strecke Frankfurt nach Köln etwas zu weit. Stattdessen freue ich mich darüber, dass der ICE mit Ökostrom fährt und ich die Umwelt weniger belaste als bei einer Autofahrt. Ökologisch nachhaltig.

Die Frage nach dem Anspruch an uns selbst, aber auch an unsere Branche, das Gesundheitswesen, beschäftigt mich – sowohl im Privaten als auch in meiner Rolle als Leitung der Unternehmensentwicklung bei AGAPLESION. Der Vorwurf von halbherzigen Maßnahmen oder des Greenwashings ist schnell erhoben. Fallstricke, ob eine Maßnahme nun wirklich ökologisch nachhaltiger oder ökologisch nachhaltig genug ist, gibt es viele. Aus meiner Sicht sind diese Fragestellungen wichtig, dürfen uns aber nicht lähmen, sodass wir am Ende nichts tun – da nicht gut genug.

Bewusst mit den uns zur Verfügung stehenden Ressourcen umzugehen, sich nach Alternativen zu ressourcenintensiven Produkten umzusehen, vielleicht auch etwas mit neuen Ansätzen zu experimentieren, das ist für mich Nachhaltigkeit. All dies, ohne pedantisch zu sein. All dies, ohne den Anspruch von Vollkommenheit an uns zu stellen.

AGAPLESION

Die AGAPLESION gemeinnützige AG ist einer der größten Gesundheitskonzerne in Deutschland. Die christliche Identität des Unternehmens kommt bereits im Namen AGAPLESION zum Ausdruck, der sich aus dem altgriechischen »agapéseis tòn plesíon« (Liebe den Nächsten, Markusevangelium, Kapitel 12, Vers 31) herleitet (▶ Abb. 1).

Unter dem Dach von AGAPLESION befinden sich rund 100 Einrichtungen. Die beiden größten Geschäftsbereiche sind Krankenhäuser sowie Wohn- und Pflegeeinrichtungen. Allen gemeinsam ist die ganzheitliche Hinwendung zum Menschen, die christliche Werte mit hoher fachlicher Kompetenz verbindet.

Kontaktmöglichkeiten

Wir leben in einer Zeit, in der bedeutsam und wirksam ist, wer über das umfangreichste Netzwerk an Kontakten verfügt. Dort liegt die wahre Macht und nicht mehr im Reichtum oder in der Anzahl der Mitarbeiter:innen, die man führt. Daher laden wir Sie ein, sich mit uns zu vernetzen. Sie können das über verschiedene Kanäle bewerkstelligen: Frau Möller betreibt bereits seit längerem einen Blog. Dort können Sie mit ihr über Nachhaltigkeit ins Gespräch kommen. Sie können uns persönlich auf LinkedIn finden oder auch AGAPLESION auf Facebook (https://de-de.facebook.com/agaplesion/) und Instagram (https://www.instagram.com/agaplesion_gag/) folgen.

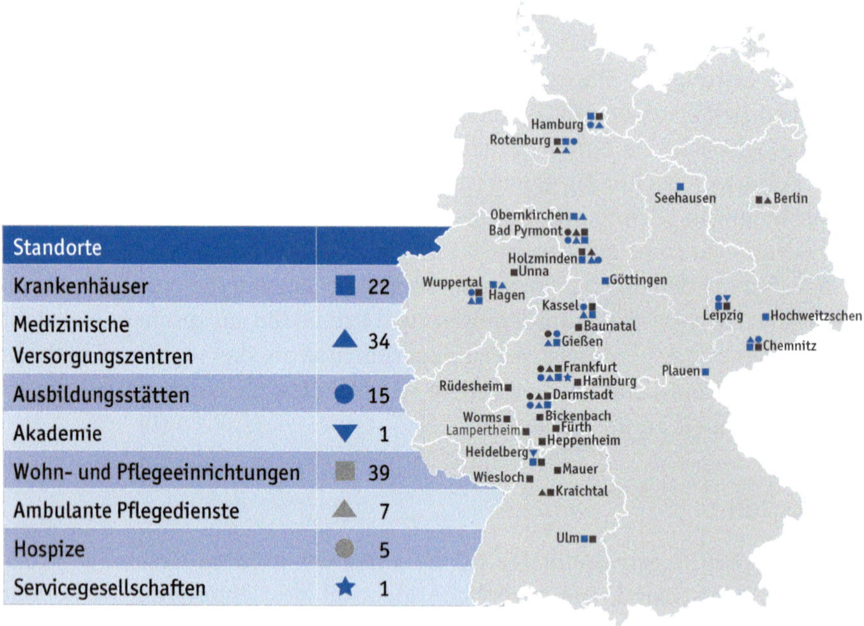

Abb. 1: Die AGAPLESION gAG

1.2 Warum wir dieses Buch etwas anders schreiben

Die Digitalisierung hat allen Spaß gemacht. Jeder hatte Lust darauf, Projekte zu starten, Neues auszuprobieren, voranzukommen. Die ersten Start-ups im Bereich Digital Health gründeten sich und Venture-Capital-Firmen entdeckten den Gesundheitsmarkt. Für traditionelle Anbieter im Gesundheitswesen war dies eine neue Welt. Krawatte ab und rein in den Coworking-Space. Auf Augenhöhe mit jungen Innovator:innen statt mit dem Gesundheitsminister und seiner Bürokratie. Es wurde gepitcht, was das Zeug hält, Kooperationen wurden geschlossen und gemeinsam Projekte ausgerufen. Mit dem Krankenhauszukunftsgesetz, welches 2021 beschlossen wurde, erhielt die Digitalisierung erneut einen Schub. Heute ist Digitalisierung kein Trend mehr, sondern Alltag. Auch im Krankenhaus.

Das Megathema unserer Tage ist Nachhaltigkeit. Da müssen wir Krankenhäuser richtig Gas geben (sofern noch welches vorhanden ist). Natürlich ist wichtig, wer am Ende die Photovoltaik, die Wärmepumpe oder die Dämmung bezahlt. Aber es gibt schon jetzt unglaublich viele Möglichkeiten, etwas im laufenden Betrieb zu tun: im OP, bei der Ernährung, dem Materialverbrauch.

Zum Glück schreiben sich immer mehr Kliniken Nachhaltigkeit auf die Fahne. Aber: Handlungsleitend ist das Thema in vielen Bereichen noch nicht. Das möchten wir mit diesem Buch ändern. Ihnen Lust machen auf Nachhaltigkeit in Ihrem Unternehmen.

Leider ist das Erzählmuster zum Thema Nachhaltigkeit von vielen negativ behafteten Narrativen geprägt: Ökodiktatur, wir sind doch nicht alle Grünen-Wähler, das Klima hat sich schon immer verändert, Bäume umarmen oder ich allein kann doch sowieso nichts ausrichten. Diese oder ähnliche Sätze begegnen uns immer wieder im Alltag. Dabei sind die wissenschaftlichen Fakten klar: Bis zum Ende des Jahrhunderts wird sich die Erde beim aktuellen Stand der in verschiedenen Klimakonferenzen zugesicherten Maßnahmen um 2,7 Grad Celsius gegenüber der vorindustriellen Zeit erwärmen (World Meteorological Organization 2021). Vom 1,5-Grad-Ziel des Pariser Abkommens sind wir weit entfernt. Die ersten Folgen der Erderwärmung spüren wir unter anderem durch häufiger auftretende Wetterextreme auf der ganzen Welt. Der Klimawandel ist eine erhebliche Bedrohung für die Gesundheit und das Wohlbefinden der Menschen in Deutschland und weltweit. So steigt z.B. nicht nur das Risiko für Infektionskrankheiten, sondern auch für nichtübertragbare Erkrankungen (▸ Abb. 2).

Abb. 2: Klimawandel und Folgen für die Gesundheit

Der Klimawandel und seine Folgen wirken sich direkt auf das Gesundheitswesen aus und damit auf unseren Auftrag, »Menschen zu behandeln und zu heilen«. Wir werden es in den nächsten Jahren vermehrt mit klimabedingten Erkrankungen zu tun haben (RKI 2022). Durch die vielfältigen Auswirkungen des Klimawandels auf die menschliche Gesundheit wird dieser als größte globale Gesundheitsgefahr des 21. Jahrhunderts angesehen (Costello 2009, S. 1693–1733).

Gleichzeitig wirken sich unsere Geschäftsaktivitäten aber negativ auf das Klima aus. Wir tragen aktiv zum Klimawandel bei. Das Gesundheitswesen hinterlässt z.B. 4,4 % der weltweiten Nettoemissionen an Treibhausgasen (ARUP 2019) und das in einer Branche, in der Verantwortung hoch im Kurs steht. Treibhausgase durch Brennstoff- und energiebezogene Emissionen oder durch den Verkehr von Mitarbeiter:innen und Patient:innen, ein fast ungesteuerter Wasserverbrauch, hohe Abfallmengen wegen Einmalartikeln, unnötig weit ausgreifende Lieferketten... Das geht besser, das geht nachhaltiger.

Zugegeben, diese Fakten machen einem nicht gerade Lust darauf, sich mit dem Thema Nachhaltigkeit zu beschäftigen. Sie sind eher erdrückend und scheinen uns vor eine schier unlösbare Aufgabe zu stellen. Dabei kann Nachhaltigkeit genauso wie Digitalisierung Spaß machen. Und klar ist, wir müssen uns als Person, als Unternehmen und als Gesellschaft damit auseinandersetzen. Sonst riskieren wir die Zukunft – sowohl die unserer Erde in der Form, wie wir sie kennen, als auch die unserer Geschäftsmodelle.

AGAPLESION beschäftigt sich seit mehreren Jahren mit dem Thema Nachhaltigkeit. Strategische Planung, Organisation, Begeisterung, aber auch Pragmatik prägen unser Handeln. Wir dachten uns, unser Ansatz könnte auch Sie interessieren.

> Unser Buch ist keine wissenschaftliche Abhandlung oder ein langweiliges Lehrbuch, sondern in erster Linie ein Praxisbuch. Wir lassen Sie teilhaben an unserer Erfahrung, an unseren Ideen und an unserem konkreten Umgang mit dem Thema Nachhaltigkeit – manchmal etwas launiger, manchmal etwas ernsthafter. Wir muten Ihnen aber auch Theorie, Definitorik und Regulatorik zu – schlicht um die Nachhaltigkeit fundiert darzustellen, um das Nachhaltigkeitsmanagement in allen seinen Facetten auszuleuchten.

Wir sind mittendrin bei AGAPLESION, erleben Höhen, aber auch Tiefen und Scheitern – wie es bei Projekten und Innovationen passieren kann. Vielleicht sind Sie in Ihrem Unternehmen schon weiter als wir, vielleicht verfolgen Sie einen ganz anderen Ansatz oder vielleicht fangen Sie gerade erst an. Wir freuen uns auf Sie als Leser:in und vor allem auf Ihr Feedback zu unserem

Ansatz. Und vielleicht beschäftigen Sie sich sogar etwas öfter mit unserem Buch oder geben es sogar (natürlich selbst ausgelesen) weiter.

Digitalisierung war cool! Nachhaltigkeit hingegen erscheint unsexy, unlustig, beschwerlich, man beschäftigt sich nicht gern damit. Aber der Druck und auch der Verantwortungsdruck, unter dem wir stehen, ist um ein Vielfaches größer als bei der Digitalisierung oder bei jedem anderen Thema, weil eben so viel auf dem Spiel steht. Ganz viele Mitarbeiter:innen, mit denen wir sprechen, freuen sich, dass sie bei einem Arbeitgeber beschäftigt sind, der zeigt, dass das Management voll hinter der (ökologischen) Nachhaltigkeit steht. Das spart uns in der ein oder anderen Situation auch Geld. Also: Lesen Sie aufmerksam.

In einem Jahr sind wir bei AGAPLESION zum Thema Nachhaltigkeit dann hoffentlich schon viel weiter und schreiben vielleicht ein Folgebuch. Aber jetzt: Viel Spaß bei der Lektüre unserer ersten Veröffentlichung!

1.3 Was Sie erwartet

Wir wissen, liebe Leser:in, dass heute niemand mehr ein Buch vollständig liest. Darum haben wir unser Buch so geschrieben, dass Sie an vielen Stellen einsteigen können.

Kapitel 1 bis 4 umfassen den wichtigen konzeptionellen Management-Rahmen des Nachhaltigkeitsmanagements (▸ Kap. 1–4).

In **Kapitel 5 und 6** erfahren Sie, wie die ganz praktische Umsetzung funktioniert und was man heute schon machen kann (▸ Kap. 5 und 6).

Danach geht es ab **Kapitel 7** in die Zielgerade (▸ Kap. 7).

Die Essenz dessen, was uns wichtig ist und was wir Ihnen geschrieben haben, finden Sie hier:

- Engagiert und vorbildlich Haltung zeigen – Nachhaltigkeit statt Nachlässigkeit
- Gewandt die Nachhaltigkeitssprache sprechen
- Einen breiten Blickwinkel einnehmen – Nachhaltigkeit beginnt mit Nachdenken
- Ihre Unternehmenskultur für die Nachhaltigkeit vorbereiten
- Nachhaltigkeit als wichtigen Teil Ihrer Unternehmensstrategie etablieren
- Nachhaltigkeit innovativ sowie sachlich und zeitlich komplex denken
- Erfahren, was die beste Methode der ökologischen Nachhaltigkeit ist

- Barrieren überwinden statt greenzuwashen
- Verbündete suchen
- Differenzierte und spezifische Tools zur Realisierung des Nachhaltigkeitsmanagements einsetzen
- Die nicht so spannende, aber unvermeidliche Regulatorik kennenlernen
- Projekte initiieren
- Immer besser werden
- Feiern

Wir hoffen, wir haben Sie neugierig gemacht, tiefer einzusteigen. Aber zunächst prüfen Sie sich selbst. Denn um als Führungskraft wirksam zu sein, ist es gut, sich selbst manche tief verankerte Überzeugung etwas sichtbarer zu machen.

1.4 Prüfen Sie sich selbst

Welcher Typ sind Sie eigentlich?

Eher innovativ mit Freude am Neuen oder vielleicht doch lieber die Follower:in, die etwas länger zögert und erst einmal die anderen beobachtet, bevor sie sich etwas zu eigen macht? Eher ein Nachhaltigkeitsidealist oder – Hand aufs Herz und obwohl Sie dieses Buch gekauft haben und offensichtlich sogar lesen – ein Gegner?

Wir haben einen kleinen Test für Sie vorbereitet, der typische Vorurteile gegenüber dem Thema Nachhaltigkeit mit einem Augenzwinkern bedient und der Sie hoffentlich erfreut. Garantiert nicht wissenschaftlich fundiert und auch nicht doppelt verblindet, sondern ganz offen.

Aber sehen Sie selbst. Inwieweit stimmen Sie den jeweiligen Aussagen zu?

Welche Buchstaben haben Sie am häufigsten angekreuzt? Welcher Typ sind Sie (▸ Abb. 3)?

Claudia Möller hat auf den ersten Seiten dieses Buches ganz mutig und offen ihren persönlichen ökologischen Fußabdruck mit Ihnen geteilt. Sie möchten Ihren ökologischen Fußabdruck ebenfalls berechnen? Ein gutes Berechnungsmodell finden Sie auf der Internetseite des WWF Deutschland: https://www.wwf.de/themen-projekte/klima-energie/wwf-klimarechner

Tab. 1: Testen Sie sich selbst: Welcher Nachhaltigkeitstyp sind Sie?

	Stimme voll und ganz zu	Stimme zu	Neutral	Stimme nicht zu	Stimme überhaupt nicht zu
Sich mit Nachhaltigkeit beschäftigen? Es ist doch eh alles zu spät.	A	B	C	D	E
David gegen Goliath. Ich allein kann sowieso nichts verändern.	A	B	C	D	E
Eine nachhaltige Lebensweise ist ein Luxus, den man sich nur leisten kann, wenn man viel Geld hat.	A	B	C	D	E
Fleischeslust. Fleisch oder Fisch kommen bei mir täglich auf den Teller.	A	B	C	D	E
Ich mache gerne Witze über veganes Essen.	A	B	C	D	E
Flugscham kenne ich nicht.	A	B	C	D	E
Mit dem SUV mit 200 km/h über die Autobahn. Ich liebe es.	A	B	C	D	E
Meine persönliche Freiheit bedeutet mir alles. Ich bin nicht bereit, mich einzuschränken.	A	B	C	D	E
Andere Länder haben doch viel mehr CO2-Emissionen als Deutschland. Die sollen erstmal anfangen sich einzuschränken, bevor ich dies tue.	A	B	C	D	E
Klimawandel? Endlich Sommer in Deutschland.	A	B	C	D	E
Im Winter sitze ich gerne mit T-Shirt in meinem Wohnzimmer.	A	B	C	D	E

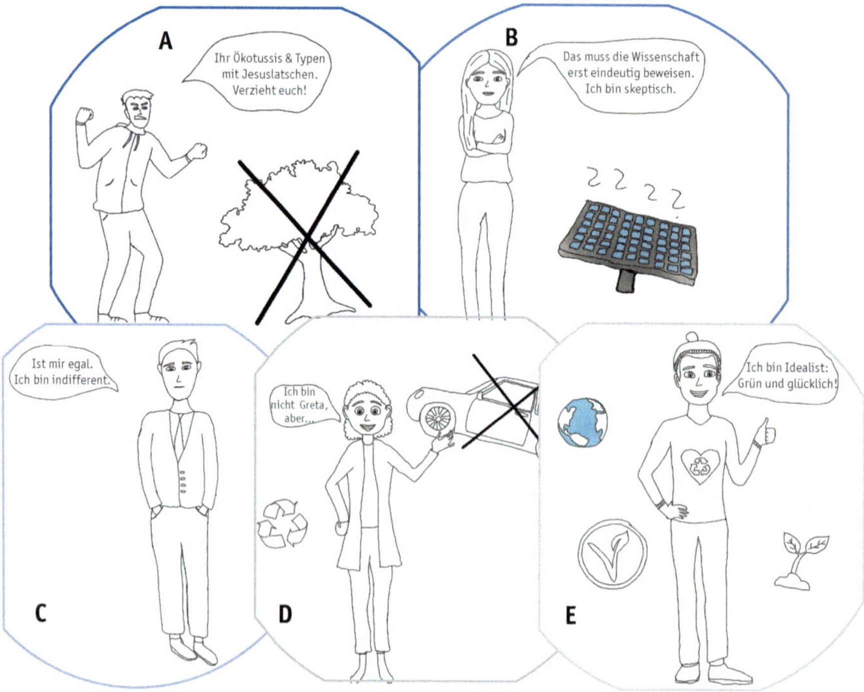

Abb. 3: Nachhaltigkeitstypen

2 Nachhaltigkeit

In diesem Kapitel erläutern wir Ihnen, dass Nachhaltigkeit der 7. Kondratieff-Zyklus sein könnte, mindestens aber ein Megatrend ist. Eine Herausforderung, die schon lange da ist und uns noch viel länger begleiten wird. Nicht isoliert – das wäre zu einfach, sondern in einem Kontext vieler anderer Veränderungen, Innovationen und Trends.

Wir räumen mit der babylonischen und hinderlichen Sprachverwirrung auf und geben Ihnen eine klare Einordnung der verschiedenen Begriffe in einer systematischen Definitorik. Dann wissen wenigstens Sie, worüber Sie sprechen.

Bestimmt teilen Sie unsere Meinung, sonst hätten Sie sich dieses Buch nicht zugelegt: Nachhaltigkeit ist keine kurzfristige Mode, die bald wieder vorüber ist. Kein Strohfeuer. Wir stehen erst am Anfang und haben noch sehr viel zu lernen. Verantwortung übernehmen haben wir gelernt – als Führungskräfte allzumal, aber auch als Familienmitglied, Bürgerin und Bürger.

2.1 Megatrend Nachhaltigkeit – der 7. Kondratieff

Nicolai Kondratieff beobachtete das Vorkommen erheblicher Innovationswellen, die sich seit der Französischen Revolution alle 40 bis 60 Jahre in Form von Zyklen nachvollziehen lassen – den sogenannten Kondratieff-Zyklen. Kondratieff-Zyklen manifestieren sich als Ergebnis einer Abfolge definierter grundlegender und weitreichender Basisinnovationen, auf die eher graduelle Verbesserungsinnovationen folgen (Nefiodow 2006) (▸ Abb. 4).

Im 5. Kondratieff-Zyklus entstanden die Umwälzungen der IT- und Kommunikationsinnovationen.

Der seit dem 21. Jahrhundert maßgebliche 6. Kondratieff-Zyklus beinhaltet das Streben nach ganzheitlicher Gesundheit und allgemeinem Wohlbefinden: Er handelt von einer neuen Lebenseinstellung der Menschen. Während Krankheit früher als Schicksal bewertet und angenommen wurde, entsteht mit den medizinischen Möglichkeiten und der Finanzierbarkeit bzw. dem Zugang zu Medizin für alle ein Anspruch auf ganzheitliche Gesundheit und

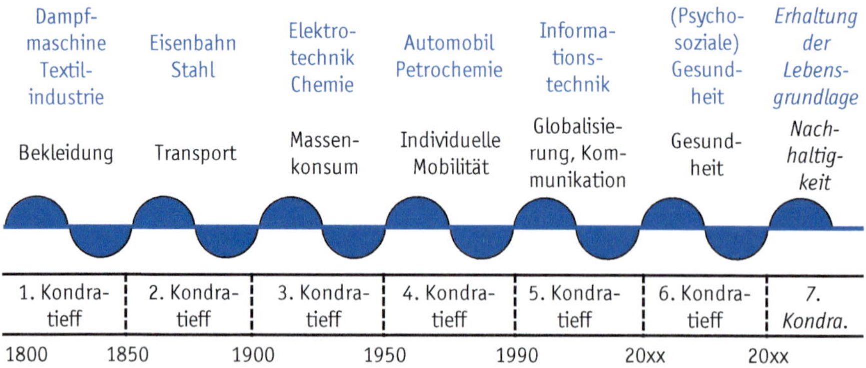

Abb. 4: Kondratieff-Zyklen (Nefiodow 2006)

allgemeines Wohlbefinden. Die Demokratisierung der Medizin führt zu einer grundlegend neuen Lebenseinstellung: Ärzte sind nicht mehr nur die Retter in der Not, die es vermögen, das Schicksal der Krankheit abzuwenden; sie werden zu Partnern bei der Erfüllung unseres Wunsches oder vielleicht sogar Anspruchs auf Gesundheit und Wohlbefinden.

Die Kombination von 5. und 6. Kondratieff hat die Möglichkeiten der Medizin an sich selbst, aber auch die Erwartungen der Patient:innen extrem wachsen lassen. Die Hoffnung wächst, eine lange währende Gesundheit wissenschaftlich und informationstechnisch zu bewirken. Das treibt den Fortschritt. Nach der molekularen Revolution ist es die Utopie einer endgültig rationalisierten Datenmedizin, die mehr Präzision, mehr Subjektivität, also mehr Gesundheit für jeden und jede verspricht. Es ist die Logik des naturwissenschaftlichen Heilens, die hierin steckt. Der Mensch wird final von jedem Rest Mythologie befreit und entdeckt zugleich sein tiefstes Inneres. Viel tiefer als es sich die meisten Ärzte heute selbst vorstellen können. Die Basis dieser Datenmedizin sind die aus der Informationstheorie abgeleiteten Erkenntnisse des vernetzten Menschen. Kein Gen, kein Molekül, kein Organ wirkt für sich allein (Müller-Jung 2022, S. 11).

Die digitale, datengetriebene Medizin hat unsere Krankenhäuser bereits erheblich verändert. Sie wird zahlreiche weitere medizinische, pflegerische und technische Innovationen hervorbringen und neue ethische Fragen aufwerfen. Eigentlich ist genug zu tun, doch ist es offensichtlich, dass sich die Welt bereits weitergedreht hat.

Wir denken, es ist nicht nur plausibel, sondern es liegt sogar auf der Hand, dass der nächste, der 7. Kondratieff-Zyklus die ganz große Welle der Nachhaltigkeit werden wird oder vielleicht schon ist. Womöglich löst er das Zeitalter des Anthropozäns ab. Unsere Meinung stützen wir auf Megatrends, die wir sorgfältig beobachten und die genau in Richtung eines Paradigmenwechsels zielen. Normales und Bekanntes ist eben nicht mehr normal, sondern wird durch Anomalien, die sich dann zur neuen Normalität entwickeln, abgelöst.

Der Begriff Anthropozän wurde zuerst in den frühen 1980er-Jahren von Eugene Stoermer verwendet, einem Ökologen, der über die Wasser der Großen Seen forschte, die Kanada von den Vereinigten Staaten trennen. Er prägte den Begriff, um den Einfluss der industriellen Umweltverschmutzung auf die Tierwelt der Seen zu beschreiben. Diese war ein weiteres Indiz dafür, dass das Handeln der Menschen im Anthropozän globale Auswirkungen haben könnte (Lovelock 2020, S. 55).

Seit mehr als zehn Jahren beschäftigen wir uns bei AGAPLESION mit Trends, genauer gesagt mit Megatrends. Der Begriff Megatrend wurde 1982 von John Naisbitt geprägt, der mit seinen Welt-Bestsellern ›Megatrends‹ und ›Megatrends 2000‹ die Begriffswelt der modernen Zukunftsforschung prägte (Naisbitt und Aburdene 1992). Im Unterschied zu kurzfristigen Mode- und Konsumtrends, die maximal fünf Jahre Wirkkraft entfalten können, stellen Megatrends die Blockbuster der Veränderung dar. Naturgemäß sind Megatrends nicht sehr häufig und auch nicht sehr geheim. Man muss sie nicht voraussagen, denn sie sind schon da und markieren Veränderungen, die uns noch lange prägen werden. Leicht zu erkennen, dass dies alles für die Nachhaltigkeit zutrifft.

Megatrends ergreifen alle gesellschaftlichen Bereiche. Sie induzieren Innovationen und sie verändern Wettbewerbs- und Marktgefüge, Beziehungsgeflechte und eingespielte Verhaltensweisen. Erfolgreiche Unternehmen setzen sich aktiv mit den Megatrends auseinander und schätzen deren Relevanz für das eigene Unternehmen ab.

Megatrends (Naisbitt und Aburdene 1992):

- haben eine Halbwertzeit von mindestens 25 bis 30 Jahren,
- umfassen und beeinflussen sehr viele Lebensbereiche,
- sind grundsätzlich global, auch wenn sie nicht überall gleichzeitig stark ausgeprägt sind,
- vertragen vorübergehende Rückschläge (Backlashs), ohne an Dynamik zu verlieren.

Die Nachhaltigkeit als Megatrend wird zum stabilen Treiber eines globalen Wandels. Megatrends ermöglichen uns durch ihre Filter- bzw. Verdichtungswirkung, die Zukunft nicht nur zu erahnen, sondern sie systematisch zu erschließen. Sie geben Anlass, Entscheidungen zu hinterfragen. So lassen sich für Pioniere neue Geschäftsfelder entwickeln, die andere Wettbewerber in der Informationsüberflutung möglicherweise zu spät erkennen. Megatrends zeigen auch auf, welche technischen und sozialen Innovationen in Zukunft möglich werden und welche neuen Kundenbedürfnisse zu erwarten sind.

Den Megatrends nachgeordnet sind die sogenannten Makrotrends. Diese beziehen sich auf einen Zeitraum von etwa 5–10 Jahren. Sie beschreiben die Teilströmungen und spezifischen Ausprägungen der Megatrends und bilden Gruppen, unter denen sich wiederum die Mikrotrends subsumieren lassen.

Schon in der ersten Version unserer Trendübersicht aus dem Jahr 2014 haben wir die Nachhaltigkeit als Makrotrend unter dem Megatrend Wertewandel berücksichtigt. In der Erläuterung von damals heißt es: »Durch Ressourcenknappheit, Umweltverschmutzung, ökologischen Wandel und soziales Umdenken sprechen wir nicht länger nur von »Nachhaltigkeit«, sondern Neu-Ökologie. Es geht darum, Lösungen für unsere »selbstgemachten« Probleme zu finden. Wer künftig ökonomisch erfolgreich sein will, muss sich den veränderten Realitäten stellen: Klimaschutz, Ressourceneffizienz und nachhaltiges Wirtschaften. Dabei spielen Investitionen in saubere und energiesparende Technologien (Blockheizkraftwerk, Photovoltaik oder eine innovative Gebäudeleittechnik) eine wichtige Rolle. Aber auch Themen wie die gesellschaftliche Verantwortung und der Wertewandel stehen im Fokus. Der Druck auf Unternehmen, auch im Gesundheitswesen, wird dadurch immer weiter steigen, denn der Wert von Unternehmen wird zukünftig nicht mehr nur am Profit, sondern auch am sozialen und ökologischen Beitrag gemessen«.

Mittlerweile wurde unsere Trendübersicht in ihrer neuesten Version veröffentlicht. Dort ist die Nachhaltigkeit – wen wundert es – zu einem Megatrend aufgestiegen (▸ Abb. 5).

Das Thema Nachhaltigkeit steht schon sehr lange in der Diskussion: Im Jahr 1968 wurde der Club of Rome gegründet. Dieser Zusammenschluss von Expert:innen verschiedener Disziplinen aus mehr als 30 Ländern setzt sich nach wie vor für eine nachhaltige Zukunft der Welt ein. Kurz darauf, im Jahr 1971, folgte die Gründung einer weiteren großen Organisation, welche sich für Umwelt-, Natur- und Klimaschutz einsetzt: Greenpeace.

Allerdings war damals die Zeit noch nicht reif. Erst seit wenigen Jahren nimmt das Thema weltweit an Fahrt auf. Gründe sind zweifellos die immer verheerenderen Katastrophen wie Waldbrände oder Überflutungen und Tornados mittlerweile auf der ganzen Welt.

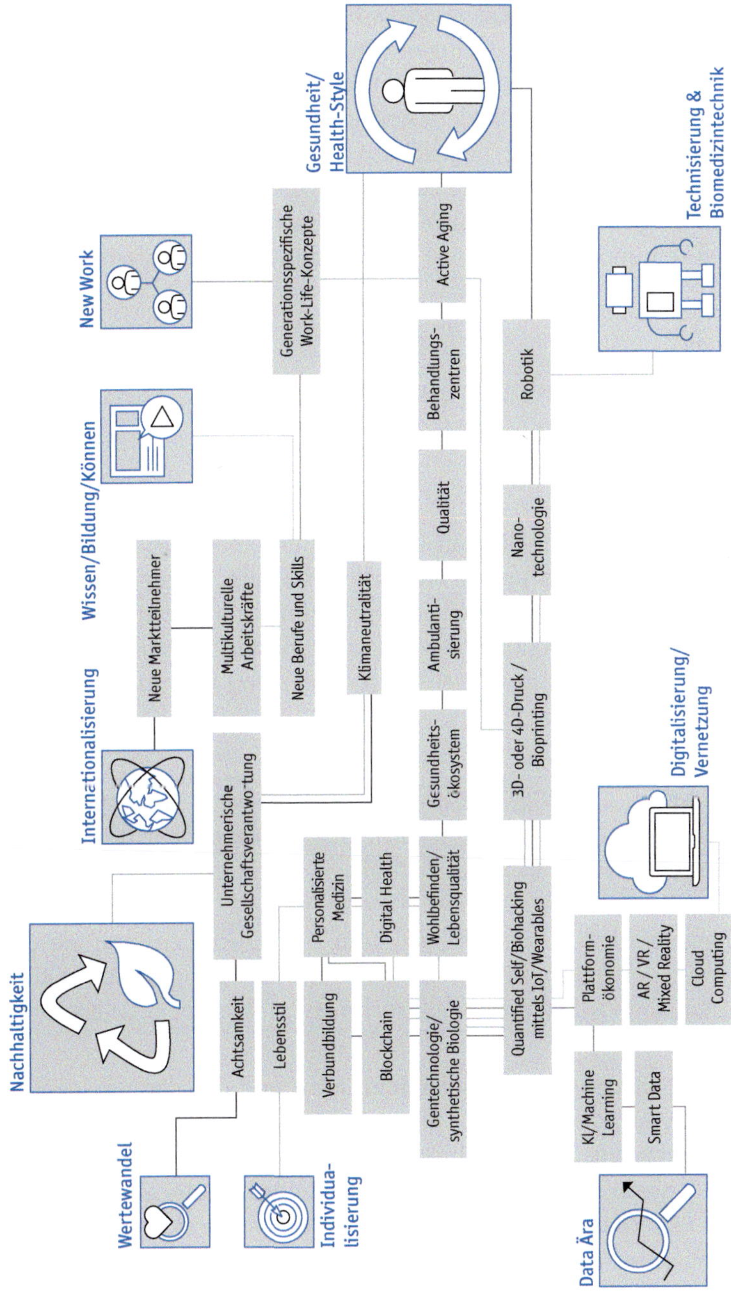

Abb. 5: Megatrends

Aber auch Bewegungen wie »Fridays for Future«, ausgehend von Schüler:-innen und Studierenden, bringen uns das Thema Nachhaltigkeit immer stärker ins Bewusstsein und erzeugen Handlungsdruck.

Schließlich hat Putin mit dem Angriffskrieg auf die Ukraine im Jahr 2022 eine Energieverknappung ungeahnten und vor allem völlig unerwarteten Ausmaßes produziert. Jetzt schrillen überall die Alarmglocken. Und das ist gut so: Nachhaltigkeit ist ein Megatrend, der schon in ein paar Jahren Alltag sein wird und sein muss, genauso wie die Digitalisierung es bereits heute ist.

2.2 Babylonische Sprachverwirrung? Definition von Nachhaltigkeit & Co.

Der Gedanke der Nachhaltigkeit ist seit vielen Jahren ein Zielbild für politisches, wirtschaftliches und ökologisches Handeln. Daher wundert es auch nicht, dass zahlreiche unterschiedliche Definitionen existieren, die im Kern jedoch oft sehr ähnlich sind. Die wohl am häufigsten verwendete Definition ist im Brundtland-Bericht der Vereinten Nationen von 1987 zu finden. Hier heißt es:

> *»Humanity has the ability to make development sustainable – to ensure that it meets the needs of the present without compromising the ability of future generations to meet their own needs.«* (Hardtke und Prehn 2001, S. 58).
>
> Frei übersetzt bedeutet dies: »Die Menschheit ist in der Lage, die Entwicklung nachhaltig zu gestalten – um sicherzustellen, dass sie den Bedürfnissen der Gegenwart entspricht, ohne die Möglichkeiten zukünftiger Generationen, ihre eigenen Bedürfnisse zu erfüllen, zu gefährden.«

Mit der Arbeit der Brundtlandt-Kommission und der darauffolgenden Konferenz der Vereinten Nationen für Umwelt und Entwicklung 1992 wurde ein Begriffsverständnis von Nachhaltigkeit geprägt, das verschiedene politische Interessen vereinen sollte. Nachhaltigkeit wird heute als Zielbündel verstanden: Dauerhaft stabile Gesellschaften sind zu erreichen, indem ökologische, ökonomische und soziale Ziele nicht gegeneinander ausgespielt, sondern gleichrangig angestrebt werden.

Dieses Begriffsverständnis von Nachhaltigkeit enthält den Anspruch, dass die Ziele für alle Länder der Welt (globale Gerechtigkeit) und für künftige

Generationen (Generationengerechtigkeit) gelten. Von der Enquete-Kommission des Deutschen Bundestages, einer überfraktionellen Arbeitsgruppe zur Bearbeitung von komplexen Sachverhalten, wurde der Ansatz weiter ausgearbeitet und als ein Drei-Säulen-Modell der Nachhaltigkeit vorgestellt: der ökologischen, ökonomischen und sozialen Nachhaltigkeit.

Im Drei-Säulen-Modell sind Wirtschaft, Ökologie und Soziales gleichrangig und gleichgewichtig, und zwar auf globaler, politischer, volkswirtschaftlicher und unternehmerischer Ebene.

Das theoretische Modell soll motivieren, einen Ausgleich zwischen den Interessen zu schaffen und das Ziel einer nachhaltigen Entwicklung im Sinne der Brundtland-Definition zu erreichen (▶ Abb. 6).

Abb. 6: Drei-Säulen-Modell Nachhaltigkeit

Ökonomische Nachhaltigkeit

Die ökonomische Nachhaltigkeit dreht sich primär um die Erhaltung und ggf. auch die Erhöhung des physischen Kapitals. Dies wird dadurch realisiert, dass die erwirtschafteten Abschreibungen zumindest die korrespondierenden Investitionen decken. Und natürlich muss darüber hinaus mittelfristig ein Gewinn mindestens in einer Höhe erzielt werden, die Zukunftsinvestitionen möglich macht und eine Absicherung gegenüber Risiken bewirkt. Zudem soll es zum erklärten Ziel eines Unternehmens gehören, den Wissensstand und die Lernfähigkeit sowie das »Image« gegenüber den Kunden und der Gesellschaft auf einem hohen Level zu halten bzw. zu verbessern.

Wirtschaftlichkeit ist jedenfalls – zumindest bei freigemeinnützigen Unternehmen – nicht das übergeordnete Ziel, aber eine Grundvoraussetzung für unseren langfristigen Fortbestand und eine gesunde Entwicklung.

Soziale Nachhaltigkeit

Die soziale Nachhaltigkeit rückt die Menschen in den Mittelpunkt. Sei es im Rahmen der eigenen Tätigkeit als Mitarbeiter:innen, Angestellte in der Zulieferindustrie oder der Gesellschaft an sich. Es geht um nichts anderes als um die Würde des Menschen und die Möglichkeit der freien Entfaltung der Persönlichkeit. Es geht um Zugang zu Bildung, Persönlichkeitsentwicklung, Sicherheit, Gesundheit und vieles andere mehr.

Im Gesundheitswesen stehen wir schon auf Grund unserer spezifischen Aufgaben und Dienstleistungen im Hinblick auf soziale Nachhaltigkeit deutlich vor anderen Branchen. Aber auch die Unternehmenskultur sowie die Arbeitsbedingungen entsprechen zumeist den Anforderungen, welche die soziale Perspektive der Nachhaltigkeit an uns stellt.

Ökologische Nachhaltigkeit

Die ökologische Dimension der Nachhaltigkeit hat die Erhaltung der Umwelt und der natürlichen Ressourcen zum Ziel. Dazu gehören Themen wie der bewusste Umgang mit Wasser, Energie und endlichen Ressourcen. Leider stoßen wir auf einen Wildwuchs an Begriffen, die teilweise synonym oder auch widersprüchlich verwendet werden. Lassen Sie uns daher zunächst einen etwas intensiveren Blick auf die Begrifflichkeit werfen.

2.2.1 Ökologische Nachhaltigkeit – Deep Dive Begrifflichkeiten

Liebe Leserinnen und Leser: Jetzt wird es etwas theoretischer. Aber wir versprechen Ihnen – die anstrengende Lektüre ist deswegen lohnenswert, weil Sie künftig ein ganz anderes Verständnis von Nachhaltigkeit, Umweltschutz, Klimaschutz oder Treibhausgasen haben werden.

Die ökologische Nachhaltigkeit ist viel mehr als eine Reduktion der Treibhausgase. Aber lesen Sie selbst!

Umwelt

Umwelt ist alles, womit ein Lebewesen in einer kausalen, wechselseitigen Beziehung steht. Man unterscheidet dabei die natürliche Umwelt von der künstlichen Umwelt. Die natürliche Umwelt ist unser Ökosystem Erde (Ökosphäre), mit all seinen Wechselwirkungen, also Stoffkreisläufen und Energieflüssen (Nachhaltigkeit.org 2022).

Ökosystem Erde – Ökosphäre

Leben gibt es nur in einer dünnen Schicht von etwa 20 Kilometern rund um unseren Planeten Erde – vom Boden der Tiefseegräben bis zu den Gipfeln der höchsten Berge. Die Lebensräume der einzelnen Lebewesen – der Organismen – werden von Umweltfaktoren wie Gestein, Boden, Wasser und Luft geprägt. Die nichtlebenden Umweltfaktoren (Biotope) bilden gemeinsam mit einer lebenden Gemeinschaft von Organismen mehrerer Arten (Biozönosen) einzelne Ökosysteme, die gemeinsam das globale Ökosystem Erde ausmachen (Paeger 2022). Beispiele für Ökosysteme sind das Ökosystem Wald, das Ökosystem Wiese oder das Ökosystem Ozean (▸ Abb. 7).

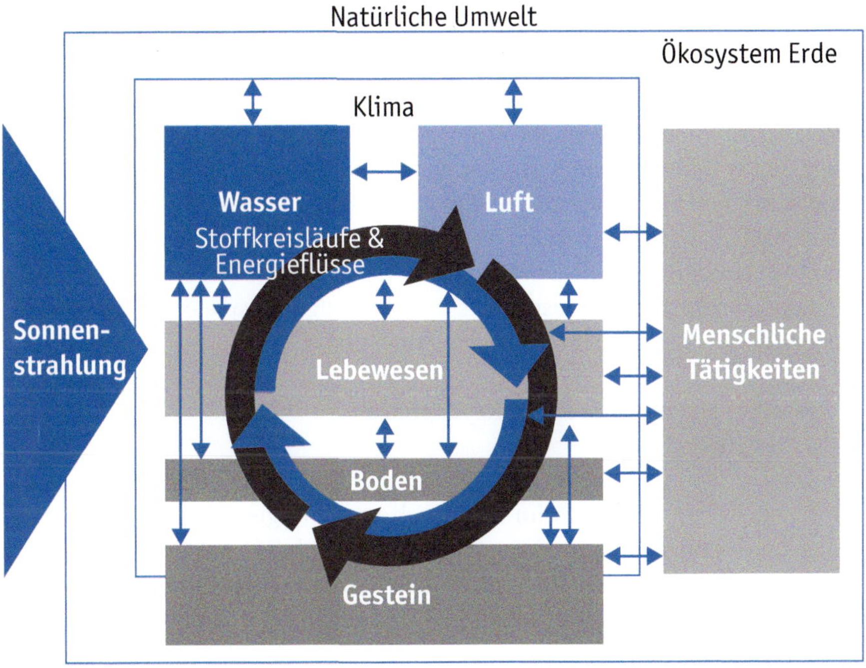

Abb. 7: Begrifflichkeiten und Zusammenhänge

Klima

Klima ist der mittlere Zustand der Atmosphäre an einem bestimmten Ort oder in einem bestimmten Gebiet über einen längeren Zeitraum. Als Zeitspanne für Untersuchungen des Klimas empfiehlt die Weltorganisation für Meteorologie (WMO – World Meteorological Organization) mindestens 30 Jahre, aber auch

Betrachtungen über längere Zeiträume wie Jahrhunderte und Jahrtausende sind bei der Erforschung des Klimas nicht unüblich (Umweltbundesamt 2021: Was ist eigentlich Klima).

Unter Klima versteht man ein interaktives Gesamtsystem aus verschiedenen Subsystemen. Durch Antriebs-, Austausch- und Rückkopplungsmechanismen sind die Subsysteme eng verbunden. Energie, Stoffe oder auch Bewegungsenergie werden zwischen den Subsystemen weitergegeben. Das Klimasystem wird von der Sonnenstrahlung energetisch versorgt (Bendix und Luterbacher 2019). Zu den Subsystemen zählen (▶ Abb. 8):

- **Luft – Atmosphäre**

Die Luft bildet um die Erde eine Lufthülle, die Atmosphäre. In Abhängigkeit von der Zusammensetzung der Luft und ihren physikalischen Größen, wie Temperatur und Druck, bilden sich verschiedene Schichten in der Atmosphäre aus. Die Zusammensetzung der Atmosphärenschichten wird durch natürliche Prozesse beeinflusst. Immer stärker wirkt sich allerdings auch die Beeinflussung durch den Menschen auf die Atmosphäre aus, so dass die empfindlichen Gleichgewichte gestört werden. Der anthropogene Treibhauseffekt und die damit verbundene globale Erwärmung sowie das Entstehen eines »Loches« in der Ozonschicht der Stratosphäre sind nur einige Beispiele für die Auswirkungen dieser Veränderungen in der Atmosphäre.

- **Wasser – Hydrosphäre und Kryosphäre**

Der Ozean, Seen und Flüsse sind ein wesentlicher Bestandteil des Klimasystems und stehen vor allem im Austausch von Energie mit der Atmosphäre.

Eis und Schnee bilden zusammen die Kryosphäre. Sie beeinflussen das Klima vor allem durch die starke Reflexion von Sonnenstrahlen, besitzen aber auch einen Einfluss auf atmosphärische und ozeanische Strömungen und den Meeresspiegel.

- **Boden – Pedosphäre**

Böden besitzen über die Pflanzen und den Gas- und Wasseraustausch mit der Atmosphäre einen wichtigen Einfluss auf das Klima.

- **Gestein – Lithosphäre**

Die Gesteinsschicht bestimmt u.a. die Verteilung von Land und Meer und damit ganz entscheidend auch die klimatischen Verhältnisse auf der Erde.

- **Lebewesen – Biosphäre**

Die Biosphäre ist der gesamte Bereich der Erde, der von Lebewesen (Pflanzen und Tiere) besiedelt ist.

- **Mensch – Anthroposphäre**

Die Anthroposphäre ist die Umgebung der Erdoberfläche, die durch raumzeitlich differenzierte Einflüsse und Eingriffe des Menschen und verschiedener Gesellschaftssysteme beeinflusst und verändert wird.

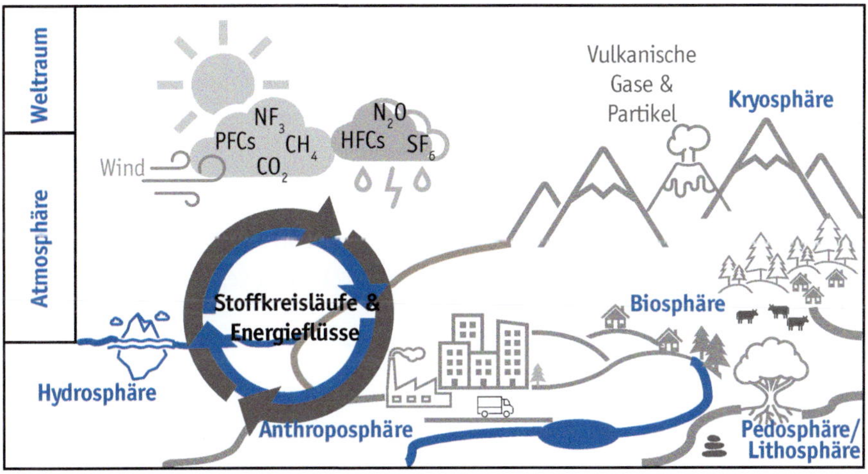

Abb. 8: Wechselwirkungen Klimasysteme

Luft, Wasser, Boden und zum Teil auch die Lebewesen (Pflanzen und Tiere) lassen sich zudem unter dem Begriff der natürlichen Ressourcen, genauer gesagt der regenerierbaren natürlichen Ressourcen subsumieren. Nichtregenerierbare natürliche Ressourcen sind die erschöpfbaren Rohstoffe wie Erze, Kohle und Erdöl (fossile Brennstoffe).

Klimaänderungen

Klimaänderungen haben verschiedene Ursachen und können durch Änderungen der auf der Erde ankommenden Sonnenstrahlung, Änderungen der an der Erdoberfläche und in der Atmosphäre reflektierten Sonnenstrahlung, Änderungen der in den Weltraum abgegebenen Wärmestrahlung sowie die interne Klimavariabilität ausgelöst werden.

Die interne Klimavariabilität entsteht durch Wechselwirkungen in und zwischen den einzelnen Subsystemen des Klimasystems – zwischen Atmosphäre, Hydrosphäre, Kryosphäre, Lithosphäre und Biosphäre.

Der größte Teil der Klimaänderungen im Laufe der vergangenen 50 Jahre wurde nach heutigem Stand der Wissenschaft nicht mehr durch eine Änderung der Sonnenstrahlung oder des Kohlendioxid-Ausstoßes vulkanischen Ursprungs verursacht, sondern durch die menschengemachten steigenden Konzentrationen von Treibhausgasen in der Atmosphäre.

Treibhausgase

Das Kyoto-Protokoll definiert sechs Treibhausgase: Kohlendioxid (CO_2), Methan (CH_4), Lachgas (N_20), fluorierte Treibhausgase (F-Gase), Schwefelhexafluorid (SF_6) und Stickstofftrifluorid (NF_3).

Die Treibhausgase tragen in unterschiedlichem Ausmaß zu den Gesamtemissionen bei, z. B. in Deutschland (Stand 2021) (Umwelt Bundesamt 2022: Treibhausgas-Emissionen in Deutschland):

- Kohlendioxid: 88,6 %
- Methan: 6,3 %
- Lachgas: 3,7 %
- F-Gase: 1,5 %
- Schwefelhexafluorid und Stickstofftrifluorid: <1,0 %

Spätestens mit der Industrialisierung im 19. Jahrhundert haben die Menschen begonnen, das Klima auf der Erde spürbar zu beeinflussen. Insbesondere durch unsere Lebensweise mit hohem Energieverbrauch geben wir immer mehr Treibhausgase in die Luft ab. Die dadurch steigende Konzentration an Treibhausgasen in der Atmosphäre verursacht einen anthropogenen Treibhauseffekt. Dies ruft eine Veränderung des Klimas hervor (Umwelt Bundesamt 2021: Ursachen).

Treibhausgaseffekt

Die Erde ist von verschiedenen Gasen umgeben, unter anderem von Treibhausgasen. Natürliche Treibhausgase gab es schon immer. Sie sind essenziell für das Leben auf der Erde. Diese Gase lassen Sonnenstrahlen passieren. Sonnenstrahlen treffen auf die Erdoberfläche und werden wieder zurück in den Weltraum geworfen. Wie eine Glasscheibe im Gewächshaus sorgen Treibhausgase dafür, dass ein Teil der Strahlen nicht entweichen kann. Erdoberfläche und Luft erwärmen sich. Gäbe es diesen natürlichen Treibhausgaseffekt nicht, wäre es auf der Erde eiskalt.

Durch den Menschen entstehen jedoch zu viele Treibhausgase. Sie werden zum Problem. Mehr Gase in der Atmosphäre bedeuten, dass weniger Strahlung entweichen kann und sich die Erde stärker erwärmt. Durch den vom Menschen gemachten Treibhausgaseffekt, den anthropogenen Treibhauseffekt, wird das Klima gestört und es kommt zu einem globalen Temperaturanstieg. Hauptverursacher für diesen Effekt ist das Treibhausgas Kohlendioxid.

Umwelt- und Klimaschutz

Unter dem Begriff Umweltschutz werden alle Maßnahmen zum Erhalt unseres Ökosystems Erde verstanden.

Klimaschutz ist der Sammelbegriff für Maßnahmen, die den durch den Menschen verursachten Einflüssen auf das Klima entgegenwirken und mögliche Folgen abmildern (Mitigation) oder verhindern.

Klima ist wie oben beschrieben ein Teil unserer Umwelt, womit jede Klimaschutzmaßnahme auch eine Umweltschutzmaßnahme ist. Umgekehrt gilt dies aber nicht automatisch. Umweltschutz darf Klimaschutz nicht verhindern, denn ohne diesen ist auch die gesamte Umwelt gefährdet.

Dazu ein Beispiel: Eine Altenpflegeeinrichtung von uns musste u.a. aus Energieeffizienzgründen neu gebaut werden. Die Einrichtung sollte als sogenanntes KfW-Effizienzhaus 55 mit Solarkollektoren und einem begrünten Flachdach ausgestattet werden. Es wurden viele Maßnahmen zum Klimaschutz angedacht. Der Neubau sollte jedoch auf einem Gelände entstehen, auf dem geschützte Eidechsen heimisch waren. Der Schutz der Eidechsen (Umweltschutzmaßnahme) verhinderte so zunächst den Bau. Erst nachdem die Eidechsen aufwendig umgesiedelt wurden, konnte der Bau beginnen.

2.2.2 Ökologische Nachhaltigkeit – Gesamtverständnis

Sie haben gelernt, was unter Umwelt- und Klimaschutz zu verstehen ist. Doch können wir überhaupt unsere Umwelt oder unser Klima schützen? Sind die Begriffe nicht ein ziemlicher Euphemismus? Jede unserer Tätigkeiten hat Einfluss auf die verschiedenen Ökosysteme und belastet diese. Wir können das Klima also gar nicht schützen (außer wir existieren nicht mehr), sondern es nur weiter schädigen oder am besten weniger. Das Ziel jedes verantwortlichen Menschen und ganz besonders jedes verantwortlichen Managers im Gesundheitswesen muss es sein, das Klima und somit auch die Umwelt so wenig wie möglich zu belasten.

Weniger ist mehr. Diese Idee ist so alt wie die Menschheit. In biblischen Gleichnissen finden sich die Aufforderungen zum Maßhalten ebenso wie bei griechischen Philosophen oder klassischen Ökonomen wie John Stuart Mill, der Mitte des 19. Jahrhunderts das Konzept des »Steady States« entwickelt hat. Im Hinblick auf die Endlichkeit der Ressourcen stellt sich die Frage nach den Grenzen des Wachstums heute eindringlicher denn je.

Unter der »Steady State Economy« (SSE) versteht man eine Vision der Wirtschaft, die auf einem optimalen Niveau physisch nicht mehr wächst, sondern sich auf einem nachhaltigen Konsumniveau und mit konstanter Bevölkerung weiterentwickelt.

Der Bericht des Club of Rome aus dem Jahr 1972 warnte davor, dass die Begrenztheit natürlicher Ressourcen und die Folgen von Emissionen die Verbesserung der Lebensqualität im Verlauf des 21. Jahrhunderts beenden könnte. Die Autoren machten sich schon damals für technologische, kulturelle und institutionelle Veränderungen stark. Seitdem wurden neben anderen Publikationen 34 weitere Berichte des Club of Rome erstellt. Heute sehen wir leider, wie recht sie mit ihren Prognosen hatten.

Manche Umweltökonomen argumentieren, dass der menschliche Einfluss auf die Ökosysteme geringer werden müsse, etwa durch schärfere Emissionsgrenzen. So ließe sich der Verbrauch von Energie und Materie zurückführen. Andere postulieren eine Degrowth-Volkswirtschaft. Denn im Kapitalismus sei eine Wachstumsdynamik, vielleicht sogar ein Wachstumszwang angelegt. Treiber des Wachstums ist der Produktivitätsfortschritt: Uns Menschen gehen die Ideen nicht aus, sie scheinen anders als saubere Luft, Öl oder Gas eine unendliche Ressource zu sein. Dass technischer Fortschritt allerdings ausreicht, um den Durchsatz von Energie und Materie dauerhaft auf ein verträgliches Niveau zu drücken, bezweifeln viele.

Degrowth bezeichnet eine Verringerung von Konsum und Produktion und damit auch des Bruttoinlandsprodukts (BIP) als einen Weg zu mehr sozialer Gerechtigkeit, ökologischer Nachhaltigkeit und Wohlbefinden.

Der wahrscheinlich beste Maßstab, um den Energie- und Materieeinsatz zu fassen, um dadurch das Ausmaß der Nachhaltigkeit grundsätzlich zu messen, ist der zweite Hauptsatz der Thermodynamik, das sogenannte Entropiegesetz (Horneber 1995, S. 184 ff.).

Im Grundsatz besagt es: Je niedriger die Entropie ist, desto mehr Energie und auch Zeit sind bereits verbraucht. Ganz lebenspraktisch: Um Ihre Wohnung aufzuräumen, müssen Sie Zeit und Energie aufbringen. Sie haben die Wohnung nach der Aktion auf ein niedrigeres Entropieniveau als zuvor gebracht, es herrscht mehr Ordnung. Aber sie sind auch müde und haben irreversibel Zeit verbraucht.

Die Entropie ist genauso wie der Druck und die Temperatur eine Zustandsgröße und bezeichnet den Grad der Unordnung. Ihr Formelzeichen lautet S. Einfach erklärt bedeutet die Zunahme von Entropie eine erhöhte Unordnung im System. Bei einer niedrigen Entropie liegt demgegenüber ein hoher Ordnungsgrad vor.

Derjenige, der das Entropiegesetz im betriebswirtschaftlichen Kontext nutzbar machte und damit meines Erachtens (Markus Horneber) einen der besten Maßstäbe für die Beurteilung von Maßnahmen zur Nachhaltigkeit schuf, ist der Rumäne Nicholas Georgescu-Roegen.

Nicholas Georgescu-Roegen (1906–1994) hat sich 1971 in seinem Buch »The Entropy Law and the Economic Process« mit der Entropie als Maßstab für nachhaltiges Handeln grundlegend beschäftigt. 1930 promovierte er in Mathematik. Dann unterrichtete er in London und Bukarest. Den Großteil seiner Karriere verbrachte er als Professor an der Vanderbilt-Universität in Nashville, USA. Vor dem Hintergrund der entstehenden Umweltbewegungen der 1960er-Jahre, des Berichtes des Club of Rome über die Grenzen des Wachstums 1972 und der Energiekrise 1973/74 gewannen seine Theorien viel Aufmerksamkeit. Weil seine Thesen das westliche Wirtschaftssystem ad absurdum führten und dessen baldiges Ende vorhersagten, war er zum Zeitpunkt seines Todes 1994 so gut wie vergessen.

Ganz kurz ausgedrückt ist es Georgescu-Roegens Verdienst, das Materieproblem in die Wärmelehre und diese in die Wirtschaftswissenschaft gebracht zu haben. Insofern folgt er Max Planck, einem der Begründer der Thermodynamik. Er sagt: Das Entropiegesetz gilt sowohl für Materie als auch für Energie.

Nicht nur Energie tendiert zur Nichtverfügbarkeit (zweiter Hauptsatz der Thermodynamik), sondern auch die Materie: Treibstoff verbrennt unwiederbringlich und Autoreifen nutzen sich ab. Nichts und niemand kann sie wieder aus derselben Materie in den Urzustand zurückversetzen. Recycling und die Idee von Rohstoffkreisläufen führte Georgescu-Roegens naturwissenschaftlich begründet ad absurdum. Schon für einen Stillstand der menschlichen Wirtschaftsweise, selbst für eine Schrumpfung benötigen wir immer neue Rohstoffe, die irgendwann einmal erschöpft und unwiederbringlich verloren sind. Wachstum oder überhaupt nur Weiterwirtschaften wie gewohnt ist seiner Analyse nach aus naturwissenschaftlichen Gründen langfristig unmöglich. Keine schöne Perspektive für uns. Er beweist mit dem trockenen Kalkül des Mathematikers, dass die industrialisierte Menschheit auf einem selbstzerstörerischen Irrweg ist.

Können uns die sogenannten erneuerbaren Energien weiterhelfen? Befreit uns die Nutzung von Wind- und Sonnenenergie von den Grenzen des Entropiegesetzes? Georgesco-Roegen sagt ganz klar: Nein. Denn auch die Wind- und Sonnenkraftanlagen müssen eines Tages ersetzt werden. Hierfür werden neue Energie und neue Materie verbraucht. Man kann zwar Material recyceln, aber das kostet zusätzliche Energie. Energie selbst kann nicht recycelt werden – sie muss neu produziert werden. Insofern ist es ziemlich absurd zu glauben, dass wir zu einer vollständigen, gar geschlossenen Kreislaufwirtschaft – wie der Name suggeriert – übergehen können. Das Perpetuum mobile ist leider noch nicht erfunden und wir verbrauchen in kurzer Zeit sehr viel mehr Energie, als die Natur uns zur Verfügung stellen kann.

Je mehr Energie verloren geht, je größer also die Entropie des betrachteten Systems wird, desto ungünstiger ist aus Sicht des Entropieansatzes die Alternative. Ökologisch optimal ist hingegen stets die Alternative mit dem geringsten Energieeinsatz, da sie die wenigste Entropie verursacht. Es ist leicht zu verstehen, dass wir die Umwelt weniger belasten, wenn wir weniger Energie und Material in unseren Krankenhäusern verbrauchen. Nicht nur Energie für Klimatisierung oder Heizung. In jedem Material und auch in jeder Dienstleistung steckt Energie. Darum geht es also beim Nachhaltigkeitsmanagement – um nicht mehr, aber auch um nicht weniger.

Unsere Handlungsaktivitäten kann man in eine Kaskade der Vorzugswürdigkeiten einteilen (Horneber 1995, S. 188 ff.). Diese Kaskade können wir zum Maßstab für die in unseren Krankenhäusern durchgeführten Nachhaltigkeitsaktivitäten machen. Ein klares und einfaches System, das auf naturwissenschaftlicher Basis gründet (► Abb. 9):

1. Die Königsklasse sind Vermeidung und Verminderung.
   Prävention durch Nachdenken: Brauche ich das zusätzliche OP-Set wirklich? Muss ich meine Mail ausdrucken oder die Heizung wärmer stellen?

Abb. 9: Nachhaltigkeitskaskade

Kann ich den Primärenergieverbrauch reduzieren? Ist es möglich, Wasser einzusparen? Wenn Sie Ihr Mobilitätskonzept umstellen, können Sie ebenfalls jede Menge Umweltbelastung vermeiden oder vermindern.

In diese Kategorie gehören auch Überlegungen, andere, sogenannte erneuerbare Energien einzusetzen, um den CO_2-Ausstoß zu verringern. Allerdings ist die Sache nicht so einfach, denn wie Sie jetzt wissen, wird auch bei der Gewinnung erneuerbarer Energie zunächst z.B. für Solaranlagen oder für Windräder Material und selbstverständlich auch jede Menge Energie, die CO_2 verursacht, eingesetzt. Die Frage ist, welche Technologie unter einer Gesamtsystembetrachtung die vorzugswürdige ist.

2. Aus entropischer Sicht folgt auf Platz 3 die Wiederverwendung, das heißt die Verwendung des Produkts erneut für denselben Zweck. Da die Produktgestalt nicht aufgelöst wird, bleibt ein relativ großer Teil der Wertschöpfung (u.a. Material, Energie, aber auch Zeit) erhalten.

   Denken Sie hier an Mehrweg-Geschirr (statt der zumindest in einem unserer Casinos immer noch sehr beliebten und angebotenen Styropor-Einmalverpackungen) oder Wäsche, die wiederverwendet werden kann. Oder an Wasser, das aufbereitet wird und dann wieder im gleichen Prozess verwendet wird. Auch OP-Besteck gehört in diese Kategorie. Die Wiederverwendung setzt Reparaturfreundlichkeit voraus. Sie ist ein Abgesang auf Einmalprodukte.

3. Danach folgt an vierter Stelle die Weiterverwendung. Das Produkt wird nicht mehr für den ursprünglichen Verwendungszweck herangezogen, sondern für eine andere Verwendung eingesetzt.

   Dieses Prinzip kommt in Gesundheitseinrichtungen relativ selten vor. Ein High-Tech-Ultraschallgerät könnte z.B. nach seinem Ersatz durch ein noch leistungsfähigeres Gerät für weniger komplexe Untersuchungen seine Weiterverwendung finden. Eine kleine Anekdote zur Weiterverwendung: Nachdem mir (Markus Horneber) nach einer kleinen Ellenbogen-OP die Fäden gezogen worden waren, hat mir der freundliche Operateur die Kunststoff-Einmalpinzette für meinen Werkzeugkasten mit nach Hause gegeben. Ich konnte sie schon gut gebrauchen!
4. Bei allen weiteren Ansätzen geht es in die stoffliche Verwertung, um die Auflösung der Produktgestalt bis zu den einzelnen Materialkomponenten.

   Hier ist es zunächst günstig das Material für denselben Einsatzzweck wiederzuverwerten (Wiederverwertung). Also aus Kunststoffbechern wieder Kunststoffbecher zu machen. Als nächste Alternative gibt es dann die Weiterverwertung in der aus dem Werkstoff ein weniger hochwertiges Produkt erzeugt wird.
5. Ganz am Ende steht die Rückstandsbeseitigung zum Beispiel durch thermische Verfahren oder durch Deponieren. Im Krankenhaus ist dies ein ganz besonders heikles und auch teures Thema. Durch infektiöse Abfälle, durch gefährliche Abfälle (z.B. Spritzen oder Chemikalien), aber auch durch Elektronikschrott wird die Umwelt in erheblichem Ausmaß belastet.

Dem Nachhaltigkeitsmanagement mit all seinen Facetten, besonders eben der Vermeidungs- oder Verminderungsstrategie, kommt ökologisch und ökonomisch eine nicht wegzudenkende Aufgabe zu.

> Übrigens gelten Krankenhäuser mit 7–8 Tonnen Abfall pro Tag als fünftgrößter Abfallproduzent in Deutschland. Nach Angaben der Berufsgenossenschaft für Gesundheitsdienst und Wohlfahrtspflege (BGW) fallen im Durchschnitt pro Tag etwa 6 Kilogramm pro Patient:in an. Zum Vergleich: Ein »Normalbürger« kommt auf 1,7 Kilogramm Abfall pro Tag – was schon ein Spitzenwert in Europa ist (Lenzen-Schulte 2019).

Inzwischen ist die gerade beschriebene Definitorik auch in das Kreislaufwirtschaftsgesetz (KrWG) von 2012 eingeflossen. Im Jahr 2020 wurde das KrWG noch einmal verschärft (Hankeln 2022, S. 113–125).

Mit diesem Gesetz soll die Kreislaufwirtschaft zur Schonung der natürlichen Ressourcen gefördert und der Schutz von Mensch und Umwelt bei Umgang mit Abfällen sichergestellt werden. Abfall soll primär vermieden werden, nicht vermeidbare Abfälle sind stofflich oder energetisch zu verwerten und nicht verwertbare Abfälle schließlich sind ordnungsgemäß zu beseitigen.

Mithilfe einer fünfstelligen Abfallhierarchie, die in § 6 des KrWG verankert ist, sollen diese Ziele erreicht werden. Zudem berücksichtigt die Regelung technische, wirtschaftliche und soziale Aspekte – und genau hier liegt der Übergang zur Definition von Nachhaltigkeit (▸ Abb. 10).

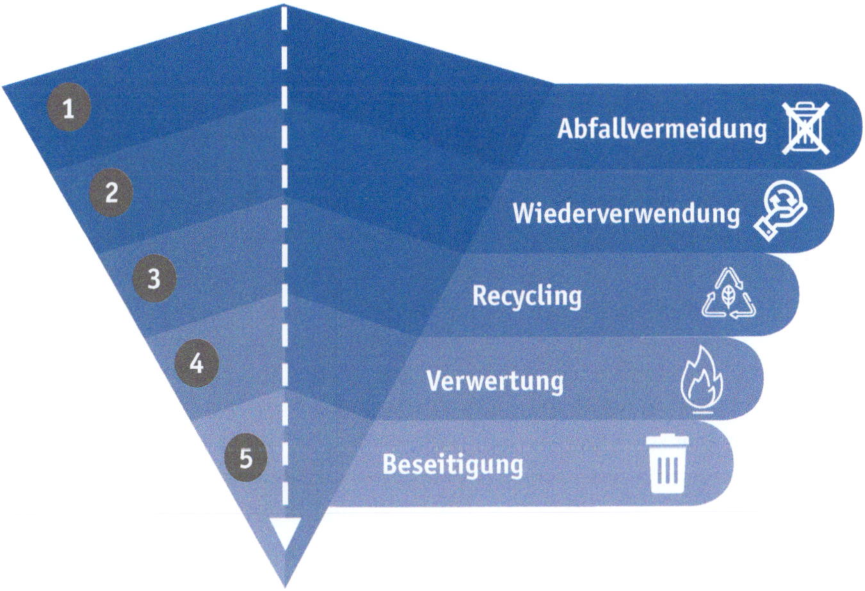

Abb. 10: Fünfstellige Abfallhierarchie

Bei allen Maßnahmen im Bereich der ökologischen Nachhaltigkeit sollte es also zunächst um Vermeidung und Wiederverwendung gehen. Das ist unter »Schutz« zu verstehen.

2.2.3 Internationale und nationale Ziele im Bereich Klimaschutz

Nachdem Sie ein tieferes Verständnis für das Thema der ökologischen Nachhaltigkeit bekommen haben, möchten wir nun auf die verschiedenen aktuellen internationalen und nationalen Ziele im Bereich Klimaschutz eingehen. Diese sollten auch bei den Zielen, die Sie sich für Ihr Krankenhaus vornehmen, in die Überlegungen einbezogen werden.

Klimaschutzziele der EU – Green Deal und Fit für 55

Die Europäische Union (EU) hat 2015 das Übereinkommen von Paris unterzeichnet. Damit verpflichtet sich die EU, dem globalen Temperaturanstieg entgegenzuwirken und das Erreichen des 1,5-Grad-Ziels zu unterstützen. Um das Ziel einzuhalten, sollen die Treibhausgasemissionen im Vergleich zu 1990 bis 2030 um 40 % reduziert werden.

1,5-Grad-Ziel und 2-Grad-Obergrenze
Durch die Aktivitäten von uns Menschen findet weltweit ein Temperaturanstieg statt. Dieser entsteht durch das Freisetzen von Treibhausgasen. So wurde 2010 die 2-Grad-Obergrenze formuliert. Das Ziel wird jedoch von vielen Wissenschaftlern als nicht ausreichend angesehen. Eine Erwärmung der Erde um zwei Grad hat bereits schwere Auswirkungen auf Menschen und Umwelt. Klimafolgenforscher:innen warnen vor einer Kettenreaktion folgenschwerer Ereignisse für das Klima, wenn die Temperatur der Erde sich um mehr als 2 Grad Celsius erhöht. Regenwälder könnten absterben, die Arktis schrumpfen, der Meeresspiegel ansteigen und die Kohlenstoffsenke des Meeres wird geringer. Ökosysteme könnten kollabieren und Ökosystem-Dienstleistungen wären nicht mehr verfügbar.

Da die Konsequenzen eines Temperaturanstiegs um zwei Grad bereits drastisch sind, halten viele Forscher:innen und unter anderem der Intergovernmental Panel on Climate Change (IPCC) das Ziel für nicht ausreichend. So wurde 2015 das 1,5-Grad-Ziel formuliert und somit die globale Aufgabe, den Temperaturanstieg auf 1,5 Grad zu begrenzen. Auf der 21. UN-Klimakonferenz in Paris haben fast alle Staaten der Erde einen Vertrag unterzeichnet, der unter anderem auch das 1,5-Grad-Ziel beinhaltet.

2021 erhöhte die EU die Klimaschutzziele und verankerte sie im Klimagesetz. Das große Ziel ist, bis 2050 klimaneutral zu sein. Als Zwischenziel sollen bis 2030 die Treibhausgasemissionen um 55 % (Bezug 1990) gesenkt werden. Der EU-Green-Deal dient als Fahrplan für die EU, bis 2050 klimaneutral zu werden und weitere Ziele der EU zu erreichen. Die EU strebt bis 2050 neben der Klimaneutralität eine Kreislaufwirtschaft an, die Schaffung eines nachhaltigen Lebensmittelsystems und den Schutz von Biodiversität.

Klimaneutralität
Klimaneutral bedeutet laut Artikel 4.1 des Paris-Abkommens, dass ab 2050 ein Gleichgewicht erreicht werden soll, also keine negativen Netto-Auswirkungen auf das Klimasystem entstehen. Das meint, dass die Senken, also Speicher von Treibhausgasen, die menschengemachten Treibhausgase ausgleichen. Beispiele für Senken sind Wälder, Moore und Böden. Die Klimaneutralität ist somit die umfassendste und ambitionierteste Form der Neutralität in Bezug auf das Klima.

Das Erreichen des Ziels der Klimaneutralität wird von Wissenschaftlern als unwahrscheinlich angesehen, denn das Ausgleichen von Klimaschäden ist nur schwer zu erreichen. Neben direkten Schäden, wie Treibhausgasen, treibt der Mensch auch indirekte Mechanismen voran, die eine schädliche Auswirkung auf das Klima haben.

Landnutzungsänderungen führen beispielsweise zu veränderten Reflexions- und Absorbtionseigenschaften der Erdoberfläche für die Sonnenstrahlung (Albedo-Effekt). Ist durch menschliche Aktivitäten der Kipp-Punkt eines Systems erreicht, können die Folgen irreversibel sein.

Zur Finanzierung des Green Deals wurde 2020 der Investitionsplan für ein zukunftsfähiges Europa verabschiedet. In Höhe von einer Billion Euro sollen in den nächsten zehn Jahren öffentliche und private Investitionen angeschoben werden. Mit dem Green Deal sollen Zielvorgaben leichter in die Gesetzgebung einfließen und so viele Vorteile bringen. Darunter: sauberere Luft, Wasser und Böden, niedrigere Energiekosten, renovierte Häuser, bessere öffentliche Verkehrsmittel und mehr Ladestationen für E-Autos, weniger Abfall, gesündere Lebensmittel und eine bessere Gesundheit für heutige und zukünftige Generationen (Europäisches Parlament 2020).

Als Fahrplan für das Zwischenziel, die Treibhausgasemissionen bis 2030 zu verringern, und zur Unterstützung des Green Deals dient das Paket »Fit für 55«. Darin sind konkrete Rechtsvorschriften festgelegt, die es Europa ermöglichen sollen, die Ziele zu erreichen. Es umfasst 13 miteinander verknüpfte überarbeitete Gesetze und sechs Gesetzesvorschläge zu Klima und Energie.

Klimaschutzziele Deutschland

In Deutschland wurde 2021 das Klimaschutzgesetz (KSG) angepasst und damit die Klimaschutzziele verschärft. Die Änderungen laufen darauf hinaus, dass Deutschland bis 2045 Netto-Treibhausgasneutralität anstrebt. Mit dem großen

Ziel der Treibhaugasneutralität soll ein Gleichgewicht zwischen Treibhausgas-Emissionen und deren Abbau herrschen. Bis 2030 sollen die Treibhausgasemissionen gegenüber 1990 um 65 % gesunken sein. Weiterhin werden nach 2050 negative Emissionen angestrebt (Bundesministerium für Umwelt, Naturschutz, nukleare Sicherheit und Verbraucherschutz 2021: Klimaschutzbericht).

Treibhausgasneutralität
Der Begriff Treibhausgasneutralität meint weniger als Klimaneutralität. Beide Begriffe werden oft fälschlicherweise synonym verwendet. Dabei bezieht sich die Treibhausgasneutralität darauf, die Freisetzung von Treibhausgasen zu minimieren. Dabei ist nicht nur CO_2 gemeint, sondern alle Treibhausgase, die im Kyoto-Protokoll definiert sind.

Neben der Reduktion der Treibhausgasemissionen müssen Treibhausgase aus der Atmosphäre entfernt werden. Dazu dienen beispielsweise Maßnahmen zur Unterstützung und Vergrößerung von Senken, die Treibhausgase aufnehmen und kompensieren. Als treibhausgasneutral gilt ein Unternehmen, wenn ein Gleichgewicht zwischen anthropogenen Treibhausgasemissionen und Senken herrscht und so die Aktivitäten letztlich keinen Einfluss auf das Klima haben.

Zur Bilanzierung der Treibhausgasemissionen eines Unternehmens dient das Greenhouse Gas Protocol (GHG-Protocol).

Per Monitoring werden die Klimaziele regelmäßig überprüft. Seit 2020 gibt es in Deutschland den Expertenrat für Klimafragen. Dieser legt dem deutschen Bundestag eine Risikobewertung der Emissionsdaten vor und prüft die Ziele der Bundesregierung zum Klimaschutz auf Ebene der einzelnen Wirtschaftssektoren. Ab 2022 wird alle zwei Jahre ein Gutachten über Ziele, Maßnahmen und Trends vorgelegt.

Die Treibhausgasreduktionsziele des Klimaschutzgesetzes (KSG) nochmals im Überblick dargestellt:

- 2030: 65 %
- 2040: 88 %
- 2045: Treibhausgasneutralität
- 2050: Negative CO_2-Emissionen

Außerdem wurde mit dem Brennstoffemissionshandelsgesetz (BEHG) ein nationales Emissionshandelssystem (nEHS) ab 2021 eingeführt. Es sieht einen

Preis pro Tonne CO_2 für Brennstoffe in den nicht vom EU-Emissionshandel abgedeckten Bereichen vor. Dies betrifft vor allem die Sektoren Gebäude und Verkehr. Der Preis pro Tonne CO_2 ist in den ersten Jahren fest und startet 2021 bei 25 Euro. Ab 2027 soll sich der Preis am Markt bilden (Umwelt Bundesamt 2022: Treibhausgasminderungsziele Deutschlands).

CO_2-Neutralität

> CO_2 ist ein Treibhausgas. Anders als bei der Treibhausgasneutralität zielt die CO_2-Neutralität lediglich darauf ab, den CO_2-Ausstoß so weit zu vermindern, dass dieser keinen Einfluss auf das Klima hat. Andere Treibhausgase wie Methan oder Lachgas werden hierbei nicht berücksichtigt. Ein Unternehmen ist demnach CO_2-neutral, wenn die Verwendung von Brennstoffen oder andere Aktivitäten keinen Einfluss auf die Kohlenstoffdioxid-Konzentration der Atmosphäre haben.

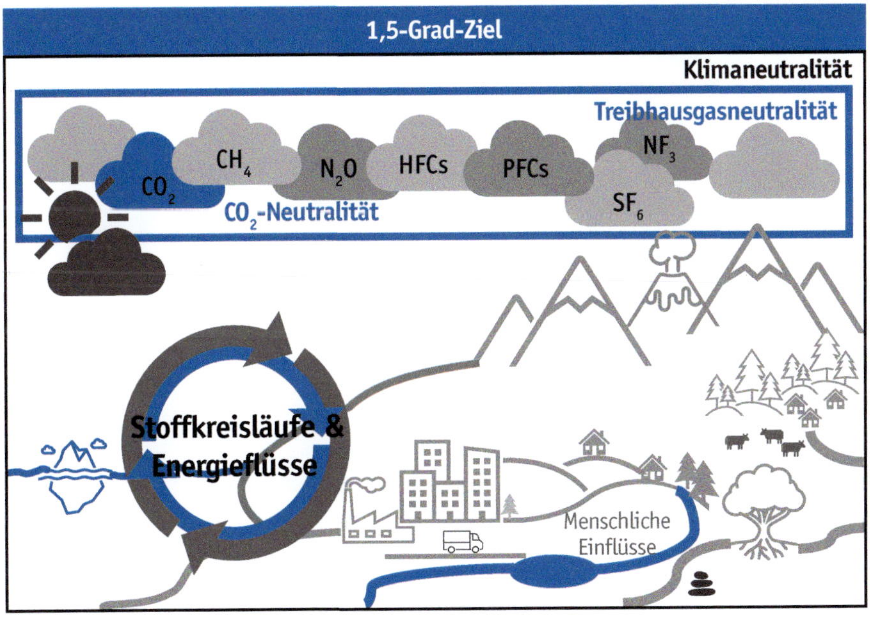

Abb. 11: Zusammenhänge Klimaneutralität bis CO_2-Neutralität

Laut der Risikobewertung des Expertenrats für Klimafragen aus dem Jahr 2021 reichen die derzeit beschlossenen Klimaschutzmaßnahmen nicht aus, um die Klimaschutzziele zu erreichen. Für die gesamten Treibhausgasemissionen wird bis 2030 (gegenüber 1990) eine Minderung von 49 % statt 65 % und bis 2040 eine Minderung um 67 % statt 88 % erreicht (Bundesministerium für Umwelt, Naturschutz, nukleare Sicherheit und Verbraucherschutz 2021: Klimaschutzbericht).

Einige Themen, wie z.B. die Wechselwirkungen zwischen den einzelnen Subsystemen des Klimas, haben wir nur angeschnitten, da sie sehr komplex sind und den Kontext unseres Buchs sprengen würden. Wir denken dennoch, wir konnten etwas mehr Klarheit hinsichtlich der einzelnen Begriffe und Zusammenhänge schaffen. Und wir würden uns sehr darüber freuen, wenn Sie sich unser differenziertes und breites Verständnis zu eigen machen würden (▸ Abb. 11).

3 Nachhaltigkeitsmanagement Teil 1 – konzeptionell und theoretisch

Okay, Sie haben verstanden: Nachhaltigkeit muss sein. Aber soll ich oder gar mein Unternehmen da der oder die erste sein? Woher weiß ich, was ich am besten machen soll? Ist doch praktischer, wenn die anderen vorangehen, die Fehler machen und ich mich dann ins gemachte Nest setze!

Einfach mal warten. So denken die einen. Die anderen denken: Abwarten kann die Zukunft kosten.

Wir zeigen Ihnen, dass Nachhaltigkeitsmanagement Chef- und Chefinnensache ist und dass es auch bereichernd sein kann, sich als erster oder erste damit zu beschäftigen.

Als Führungskraft entscheiden Sie, geneigte Leserin, geneigter Leser, inwieweit und in welchem Ausmaß Sie sich die Nachhaltigkeit zu eigen machen. Denn Sie haben die Macht dazu.

Macht – ein Wort, das nicht selten Unbehagen auslöst. Dabei ist es nur die Fähigkeit, die Möglichkeit und der Wille, Entscheidungen zu treffen. An sich nichts Böses. Manchmal gibt die verliehene Macht, die Autonomie bedeutet, einen Kick: Statt Demut erleben wir Hochmut, statt Empathie sehen wir eine starke Selbstfokussierung, statt Disziplin macht sich Faulheit breit und statt Mut die Feigheit!

Haben Sie den Mut, die Fähigkeit, die Möglichkeit und den Willen, Nachhaltigkeit ganz oben auf die Agenda zu setzen? Dann sollten Sie es dringend tun!

Wir wollen Ihnen Argumente liefern, welche die Entscheidung erleichtern – genau genommen ist sie Ihnen schon abgenommen worden. Aber lesen Sie erst einmal.

Sie können – wenn Sie sich grundsätzlich entschieden haben – noch ein weiteres Mal wählen: lediglich die regulatorischen Anforderungen erfüllen oder sich selbst den Kopf zerbrechen und aktiv werden, die Möglichkeiten in Ihrer Organisation gestaltend zu nutzen.

3.1 Nachhaltigkeit in der Unternehmenskultur

Culture eats strategy for breakfast – die Kultur verfrühstückt jede noch so gute Strategie, hat der Managementguru Peter Drucker einmal gesagt. Dieses Zitat bringt es auf den Punkt: Die beste Strategie und die besten Ideen nützen wenig, wenn dahinter nicht eine Kultur steht, in der Ziele engagiert und kompromisslos umgesetzt werden. Und unsere Kultur ist nicht das, was wir so gerne behaupten, das sie sei, sondern das, was unsere Mitarbeiter:innen tagtäglich erleben und schließlich das, woran wir erkannt werden.

Kultur erkennt man an den Kleinigkeiten, die uns vielleicht gar nicht mehr bewusst sind. Sie ist da, bevor wir etwas sagen oder tun: Wie sieht es hier aus? Welche Farben, welche Zeichen, welche Symbole empfangen mich? Aber auch: Stehen im Winter die Türen offen, brennt unnötiger Weise das Licht oder fehlt die Mülltrennung?

Kultur begegnet uns aber auch im Gespräch und im Umgang untereinander: Habe ich den Eindruck, gesehen zu werden? Bin ich hier willkommen? Werde ich in meinen Anliegen verstanden, auch wenn ich es nicht richtig artikuliere? Wie ist die Stimmung hier?

Kultur begegnet uns schließlich dort, wo Prinzipien und Grundannahmen sichtbar werden: Was schreiben die sich auf die Fahne? Welche Werte sollen verbinden? Worauf kommt es an? Kommen Aspekte der Nachhaltigkeit vor?

Kultur ist vielschichtig und die Dimensionen durchdringen sich. Die Tiefendimension ist am wenigsten greifbar und wirkt sich doch am stärksten auf alles andere aus. Denn Kultur lebt zuletzt davon, wer wir sind und was uns wirklich ausmacht.

Und hier sind wir am entscheidenden Punkt: Kürzlich haben mir (Markus Horneber) zwei junge Mitarbeiterinnen, die eine arbeitet bei uns in der Logistik, die andere ist Trainee in der Zentrale, berichtet, dass es für sie bei der Wahl für AGAPLESION als Arbeitgeber entscheidend war, im Vorfeld der Bewerbung etwas über die Kultur zu erfahren. Etwas über die Maßstäbe, die uns wichtig sind, etwas darüber, wofür wir stehen. Oder es zumindest versuchen. Nachhaltigkeit steht da ganz oben!

Prüfen Sie das doch einmal in Ihrer Organisation: Wofür stehst Du?

Die unterschiedlichen Persönlichkeiten unserer Mitarbeiter:innen, ihre spezifischen Führungsstile und natürlich auch die Traditionen unserer Einrichtungen – all das lässt die besondere und einzigartige Kultur jedes Unternehmens entstehen. Die Kultur, die Sie jeden Tag an Ihrem Arbeitsplatz spüren, erleben und natürlich auch gestalten. Die Kultur, die dazu führt, dass Mitarbeiter:innen gerne bei Ihnen arbeiten und die dazu führt, dass Sie eine

Starbewertung auf kununu haben – oder eben noch nicht. Eine Kultur, die Patient:innen anzieht, die Ihre Kund:innen lieben. Manche nennen das »Magnetkultur«.

Sie verstehen: Kulturentwicklung ist eine der vornehmsten Managementaufgaben, denn auf der Grundlage der Unternehmenskultur etablieren sich die Handlungs- und Verhaltensweisen in Ihrer Organisation.

Lassen Sie uns kurz darüber nachdenken, ob Sie Ihre Kultur gut finden und an welchen Stellen Sie sie verändern wollen. Oder vielleicht neue Schwerpunkte setzen wollen – z.B. die Nachhaltigkeit als festen Bestandteil in die Unternehmenskultur aufnehmen und damit nach innen und außen deutlich machen, welch große Bedeutung ihr zukommt. Und sie felsenfest verankern.

Wir haben das gemacht und sind ziemlich stolz darauf.

Vision

Vertraue Gott. Liebe deinen Nächsten. Achte auf dich selbst.

(vgl. Markusevangelium, Kapitel 12, Verse 30–31)

Patient:innen und Bewohner:innen

Wir sind Patient:innen und Bewohner:innen mit Herz und Seele zugewandt. Jeder Prozess ist so organisiert, dass sie mit ihren Bedürfnissen und Wünschen im Mittelpunkt stehen. Im respektvollen Dialog mit ihnen nutzen wir modernste Möglichkeiten zur ausgezeichneten Behandlung und Begleitung.

Mitarbeiter:innen

Wir sind eine vertrauenswürdige und transparente Organisation, in der Mitarbeiter:innen gerne und mit großer Ambition arbeiten. Sie prägen AGAPLESION mit ihrer besonderen Expertise und Empathie. Wir eröffnen ihnen den Raum, um sich fachlich und persönlich weiterzuentwickeln.

Gesellschaft

Wir sind ein gemeinwohlorientierter, diakonischer Gesundheitskonzern und übernehmen Verantwortung für unsere Umwelt. Den gesellschaftlichen Herausforderungen stellen wir uns als wirtschaftlich gesundes, agiles und innovatives Unternehmen. Gemeinsam mit unseren Gesellschaftern gestalten wir eine nachhaltige Gesundheitsversorgung

(Vision im Leitbild von AGAPLESION)

In unserem Leitbild geht es darum, unsere Unternehmenskultur zu beschreiben, sie in Worte zu fassen. Das Leitbild besteht aus Grundlegung, Mission, Werten und einer Vision (AGAPLESION gAG 2022).

Die Nachhaltigkeit hat eine tragende Rolle bei der Beschreibung unserer Vision. Die Nachhaltigkeit ist wesentlicher Bestandteil unserer Unternehmenskultur und damit tief und fest in unserem Unternehmen verankert.

Im dritten Teil der Vision können Sie sehen, dass wir Verantwortung für die Gesellschaft in den drei Dimensionen der Nachhaltigkeit wahrnehmen, die Sie aus unserer Begriffsexplikation kennen: ökologisch, ökonomisch und sozial.

Damit noch nicht genug. Fünf Werte sind es, die uns im Rahmen unserer Unternehmenskultur besonders wichtig sind. Sie heißen: Vertrauen, Verantwortung, Ambition, Respekt und Miteinander. Klar, dass diese Werte auch von eminenter Bedeutung für unser Nachhaltigkeitsmanagement sind.

Als christliches Gesundheitsunternehmen spüren wir eine besondere Verantwortung für Gottes Schöpfung. Auch deswegen hat nachhaltiges Handeln für uns einen hohen Stellenwert.

Der hohe Stellenwert beginnt mit der Verankerung in der Unternehmenskultur und führt über die Nachhaltigkeitsstrategie in ein integriertes Nachhaltigkeitsmanagement. Und genau das versteht man unter Governance: Die Verankerung der ökologischen Nachhaltigkeit ebenso wie der sozialen Nachhaltigkeit in den Managementprozessen.

3.2 Nachhaltigkeit als Bestandteil der strategischen Planung

Warum haben manche Unternehmen in Zeiten der Unsicherheit, ja des Chaos, Erfolg, und andere nicht? Sind wir doch alle gleichermaßen betroffen von turbulenten Ereignissen und von massiven, schnelllebigen Wirkungskräften, die wir kaum voraussagen und nur schwerlich beeinflussen können. Was unterscheidet diejenigen, die außerordentlich erfolgreich abschneiden, von den Unternehmen, die unterdurchschnittlich oder noch schlechter abschneiden?

Die schlichte Antwort lautet: Erfolgreiche Unternehmen gehen strategisch vor. Außerdem kennen sie den Unterschied zwischen Prognose und Voraussage, den wir Ihnen noch im nächsten Kapitel erklären werden (▶ Kap. 3.3). Deswegen tappen Sie nicht in die Extrapolationsfalle.

Extrapolation ist die Schätzung eines Wertes oder in diesem Fall einer möglichen Zukunft. Die Schätzung basiert auf der Erweiterung einer bekannten Folge von Werten, Ereignissen und Fakten und geht über den bekannten Bereich hinaus (Wirtschaftslexikon 2022).

Sicherlich verfügen auch Sie über ein ausdifferenziertes Tool zur strategischen Unternehmensplanung. Darin haben Sie bereits viele Strategien beschrieben. Dann ist es ganz einfach, den vielen Strategien, der Medizinstrategie, der Pflegestrategie, der Personalstrategie, der Digitalstrategie, noch ein weiteres Handlungsfeld anzufügen, nämlich das der Nachhaltigkeit.

Keinesfalls sollten Sie auf die Idee kommen, losgelöst von allem anderen eine eigene, separate Nachhaltigkeitsstrategie zu formulieren. Das macht schon deswegen keinen Sinn, weil in nahezu allen anderen strategischen Perspektiven Nachhaltigkeitsaspekte integriert sind.

Aufbauend auf unserer Mission und Vision formulieren wir bei AGAPLESION unsere Unternehmensstrategie. Wir beschreiben unsere zwölf Teilstrategien allgemein sowie langfristige strategische Ziele, die innerhalb der nächsten fünf Jahre erreicht werden sollen. Dazu werden die operativen Ziele bzw. Maßnahmen definiert, welche die Zielerreichung befördern. Anhand von Kennzahlen prüfen wir, ob wir der Zielerreichung näherkommen. Es versteht sich von selbst, dass zu jedem Ziel auch Verantwortlichkeiten definiert werden.

Das Kernanliegen von AGAPLESION ist es, das Nachhaltigkeitsmanagement strukturell und langfristig im Konzern zu etablieren sowie die drei Dimensionen der Nachhaltigkeit bei allen zukünftigen Entscheidungen zu berücksichtigen. Weiterhin gilt es, Vorbereitungen für die zu erwartende Nachhaltigkeitsberichtserstattung zu treffen. Wir zeigen Ihnen gerne, wie wir das Thema Nachhaltigkeit in unsere Konzernzielplanung 2022 eingebunden haben:

Tab. 2: Auszug Nachhaltigkeit in der AGAPLESION Konzernstrategie

Strategische Stoßrichtung	GB	Strategische Ziele (2022–2027)	Operative Ziele/allgemeine Maßnahmen (2022–2023)	Zielvorgaben und Kennzahlen	Zuständiger Vorstand
Christliches Profil Nachhaltigkeitsstrategie	Alle	Nachhaltigkeit fördern	Konkretisierung und Strukturierung des Nachhaltigkeitsmanagements	Bis Ende 2022 sind eine GAP-, Stakeholder- und Wesentlichkeitsanalyse durchgeführt, Handlungsfelder sind daraus abgeleitet und Ziele formuliert	Dr. Horneber
			Erfüllung der Regulatorik	Bis Ende 2022 sind erste Maßnahmen zu dem Aufbau eines Kennzahlensystems umgesetzt Bis Ende 2025 wird die Überarbeitung der CSR-Richtlinie zur Nachhaltigkeitsberichterstattung (neu: CSRD) sowie die Entwicklung der EU-Taxonomieverordnung beobachtet, mögliche Auswirkungen auf AGAPLESION werden bewertet	
			Durchführung von operativen Maßnahmen	Bis Ende 2022 werden die Handlungsfelder (z. B. Energie, Bau, ...) in Netzwerkteams bearbeitet. Weitere Maßnahmen werden umgesetzt	

Zugegebenermaßen ist die Zielformulierung auf Konzernebene relativ kompakt und auch abstrakt. Sie eröffnet jedoch Spielräume, die es unseren Krankenhäusern und auch den Wohn- und Pflegeeinrichtungen ermöglichen, spezifische Nachhaltigkeitsziele zu definieren und diese zu verfolgen.

Fazit: Ihre Aufgabe ist es (falls nicht schon erledigt), die Nachhaltigkeit als wesentliches Thema mit in Ihre bestehende strategische Planung zu integrieren – und bitte keine extra Strategie um die Nachhaltigkeit bauen.

Nachhaltigkeit ist die Zukunft. Und die Zukunft zu erschließen, erfordert eine sehr spezifische Denk- und Handlungsweise. Die Zukunft ist nämlich nichts, was sich einfach ereignet und worauf Sie, worauf wir keinen Einfluss haben.

Bei AGAPLESION haben wir ein ganz besonderes Verständnis davon, wie wir in die Zukunft kommen. Und das werden wir Ihnen jetzt verraten.

3.3 Nachhaltigkeit in der Zukunft – die Zeitmaschine

Zukunftsplanung, liebe Leserin, lieber Leser, gelingt nicht durch eindimensionale Fortschreibung gegenwärtiger Zustände (Extrapolation). Nein – sie erfordert vielmehr eine grundlegende Auseinandersetzung damit, wie die Zukunft aussehen könnte. Das ist anstrengend wie jeder Know-how-Aufbau, aber leider unvermeidlich. Sie müssen nicht nur lernen, sondern auch vergessen. Das ist manchmal besonders schwer.

Wir alle tragen auf dem Weg in die Zukunft in unserem Rucksack (1) die Erfahrungen der Vergangenheit. Unsere Traditionen, unser Wissen, all das, was wir uns mühsam erarbeitet oder gar erkämpft haben. Hand aufs Herz: Im Tagesgeschäft (2) richten wir den Blick auf die unmittelbar vor uns liegenden Aufgaben und Veränderungen, auf die wir schnell und dringend reagieren müssen. Die dringlichen Dinge verdrängen die wichtigen und die eiligen Angelegenheiten räumen die langfristig bedeutenden einfach vom Schreibtisch ab. Da hat selbst die Nachhaltigkeit keinen Raum – sie muss warten! Darunter leiden wir alle, aber wir wissen ganz genau: Effektives Management und vor allem strategische Planung geht anders (▸ Abb. 12).

Um die Zukunft aktiv zu gestalten und der Nachhaltigkeit den zeitlichen und inhaltlichen Raum zu geben, den sie benötigt, müssen wir einen radikalen Perspektivenwechsel vollziehen. Wir müssen die Zukunft aus der Perspektive einer vergangenen Gegenwart sehen.

Setzen wir uns in die Zeitmaschine. Klingt verrückt – ist es aber nicht. Lassen Sie uns mit meinem (Markus Horneber) Lieblingsauto, dem de Laurean, einer Art Zeitmaschine, in die Zukunft fliegen, um uns anzusehen, was wir da vorfinden (3). Dann können wir sehen, was wir heute tun müssen, um womöglich in einer anderen Zukunft zu landen.

Wir können uns auch die Zukunft unserer Kinder und Enkelkinder vorstellen, so wie wir es ihnen wünschen. Auch mit diesem Blickwinkel sehen wir ganz schnell, was wir heute verändern müssen. Natürlich können wir nicht alle Wirkungen unserer Handlungen abschätzen, denn unsere Welt ist kom-

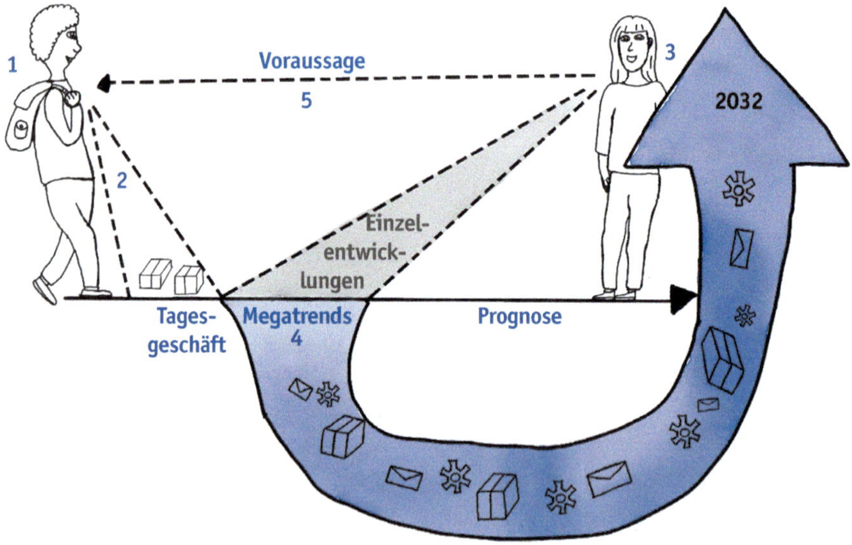

Abb. 12: Die Vergangenheit einer zukünftigen Gegenwart

plex und kompliziert. Ganz sicher finden wir jedoch einige ziemlich robuste Handlungsweisen, die uns der erwünschten Zukunft näherbringen.

Sie sehen schon, wir können die Zukunft nicht prognostizieren, das heißt aus der Gegenwart durch Hochrechnung ableiten. Wir müssen sie uns vorstellen, ein konkretes Bild entwickeln, sie in gewisser Weise erfinden und voraussagen. Das ist ein ziemlich kreativer Akt. Dabei helfen uns aber die Megatrends (4). Sie tragen dazu bei, eine mögliche Zukunft besser zu verstehen.

Hinter den Begriffen Prognose und Voraussage existieren zwei grundlegend unterschiedliche Denk- und Handlungsweisen:

Vereinfacht ausgedrückt versteht man unter Prognose die Beschreibung der Zukunft durch Extrapolation, also durch Fortschreibung der Vergangenheit. So rechnen die Experten die Temperatursteigerungen über die nächsten Jahrzehnte hoch oder den Anstieg der Meeresspiegel. Sie extrapolieren die Zukunft, simulieren sie mit komplexen Modellen als Fortschreibung der Erfahrungen aus der Vergangenheit. Das ist sicher wichtig, aber nicht genug. Denn völlig neue, nie dagewesene Phänomene und vor allem auch Innovationen, die alles verändern können, kann man mit einer Prognose nicht erfassen. Ihre Wirkungen können aber sehr einschneidend sein und alles über den Haufen werfen.

Ein Beispiel: Niemand hat Russlands Angriffskrieg auf die Ukraine mit den komplexen Folgewirkungen in seine Prognosemodelle einbezogen. Das ist auch logisch. Denn gravierende Veränderungen oder gar Trendbrüche können durch Blick in die Vergangenheit nicht identifiziert werden. Die Zukunft zu prognostizieren, gleicht dem Versuch eines Autofahrers, der auf seiner Fahrt mit zugeklebter Windschutzscheibe die Orientierung durch den Blick in den Rückspiegel gewinnt. Das geht so lange erstaunlich gut, bis eine Kurve kommt.

Bei der Voraussage (5) dagegen versetzt man sich in eine bereits Realität gewordene Zukunft, zum Beispiel in das Jahr 2032 und denkt von dort aus zurück in die Gegenwart. Man setzt sich in den de Laurean und fliegt 10 Jahre weiter in die Zukunft. Logisch, dass sich mit einer solchen Methode die Zukunft ganz anders darstellt. Ein bunter Strauß an Gestaltungsmöglichkeiten steht uns zur Verfügung, um die Zukunft selbst zu gestalten. Vielleicht gibt es bis dahin ja auch neue Verfahren oder Techniken, die unsere Umwelt tatsächlich schützen. Wer weiß, was die klugen Köpfe da draußen noch so alles erfinden.

Sollten Sie ein innovativer Unternehmer sein und nicht ein rückwärtsgewandter Unterlasser, dann haben Sie sicher bereits angefangen zu analysieren, kreativ zu werden. Schaffen Sie sich systematisch mögliche Zukünfte, begeistern Sie Ihr Team und treffen Sie weitreichende Entscheidungen zur Nachhaltigkeit, die die Zukunft beeinflussen. Sie gestalten Transformation und nicht Entwicklung.

Doch welche Einzelentwicklungen werden sich durchsetzen und sind lohnenswert, sie zu befördern? Um dafür einen Blick zu bekommen, muss man die Komplexität der vielschichtigen Zukunftsthemen in größere Zusammenhänge bringen und trendbildende Sinnzusammenhänge herstellen. Das haben wir gerade mit den Megatrends deutlich zu machen versucht: Nachhaltigkeit steht nicht für sich allein. Sie ist eingebettet in einen komplexen Systemzusammenhang. Diesen unternehmensspezifisch aufzudröseln, ist die Kunst. Und genau das bewirken Sie mit der strategischen Planung.

Bitte haben Sie aber auch den Mut, Ihre Entscheidungen zu korrigieren, wenn sie sich als Irrweg erweisen. Und verändern Sie Ihr Handeln vor allem dann, wenn neue Trends und Ideen auftauchen. Prüfen Sie regelmäßig Ihr Zukunftsbild und Ihre Maßnahmen auf dem Weg dahin. So kommt Ihnen die Zukunft nicht einfach entgegen, sondern Sie gestalten die Zukunft durch Ihre Entscheidungen kräftig mit.

Ein mutmachendes Bibelzitat zum Schluss:

»Passt euch nicht den Maßstäben dieser Welt an, sondern lasst euch von Gott verändern, damit euer ganzes Denken neu ausgerichtet wird. Nur dann könnt ihr beurteilen, was Gottes Wille ist, was gut und vollkommen ist und was ihm gefällt« (Römerbrief 55/56 n. Chr.).

3.4 Nachhaltigkeit systemisch denken

Nachhaltigkeit strategisch denken, das ist das eine. Nachhaltigkeit systemisch denken, ist eine nicht minder schwierige Aufgabe. Eine komplexe Aufgabe allzumal. Kluge Systemtheoretiker verfolgen den Ansatz, dass man unstrukturierte Komplexität, also all das, was uns z. B. im Bereich der Nachhaltigkeit so intensiv beschäftigt, allein durch Aufbau von strukturierter Komplexität bewältigen kann.

Wie geht das genau, fragen Sie? Wie reduzieren Sie Komplexität? Wie sieht die Brücke zwischen Kultur, Strategie und Praxis eigentlich aus?

Hier kommt unsere Antwort: Seit vielen Jahren haben wir die wesentlichen Prozesse in unserem Unternehmen in einer Prozesslandkarte zusammengestellt. Sie basiert ganz schlicht auf der Einteilung der Prozesse in:

- Führungsprozesse (FP)
- Kernprozesse (KP)
- Unterstützungsprozesse (UP)

Führungsprozesse sind diejenigen Aktivitäten, mit denen Sie Ihr Unternehmen steuern. Kultur und Strategie zum Beispiel sind Gegenstand der Unternehmensausrichtung. Hier können Sie die Nachhaltigkeitsperspektive einbauen, wie Sie gerade gesehen haben. Aber auch die anderen Führungsprozesse können mehr oder weniger intensiv nachhaltig gestaltet werden.

Die größten Potenziale für nachhaltiges Handeln ergeben sich, das versteht sich von selbst, in den Kernprozessen. Wir werden Ihnen viele Beispiele nennen, wie Sie an dieser wichtigen Stelle ansetzen können. Aber auch die Unterstützungsprozesse bergen viel Potenzial.

Mit einer Heuristik wie der Prozesslandkarte können Sie sich einen systematischen Überblick über denkbare Ansatzpunkte verschaffen und die Komplexität des Nachhaltigkeitsmanagements auf ein beherrschbares Niveau reduzieren (► Abb. 13).

Spätestens jetzt, aber bestimmt schon beim Lesen unserer Nachhaltigkeitsdefinition ist Ihnen deutlich geworden, dass wir Nachhaltigkeit umfas-

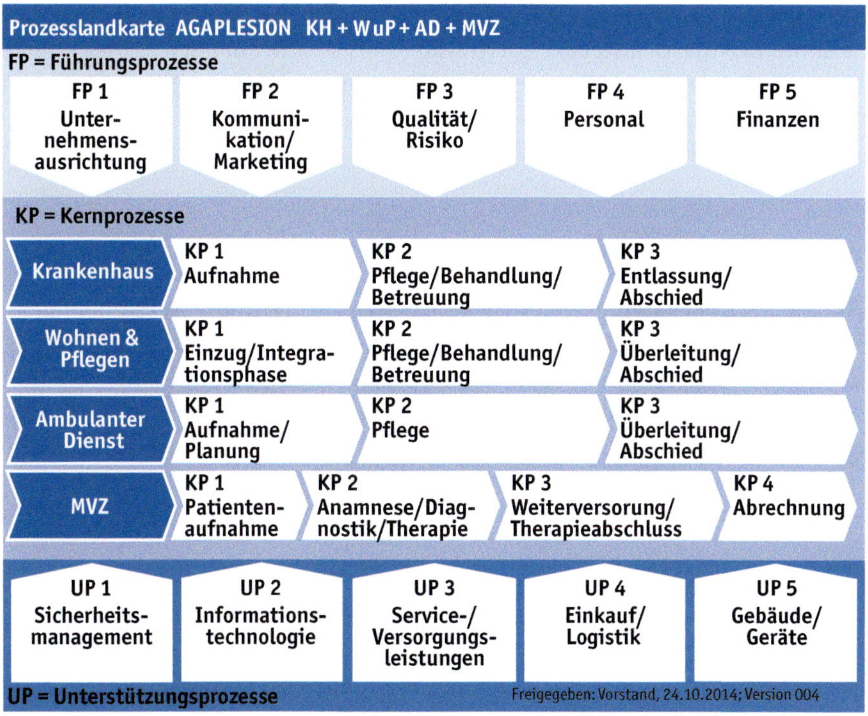

Abb. 13: Prozesslandkarte AGALESION

send denken müssen. Wir müssen größer denken und systemisch. Und genau das möchten wir Ihnen jetzt vorstellen. Wir betten das Nachhaltigkeitsmanagement doppelt ein:

- Einerseits in den komplexen Zusammenhang des gesamten Wertschöpfungsnetzwerks. Dadurch werden alle Prozesse und Schritte transparent, die mit dem Nachhaltigkeitsmanagement im Zusammenhang stehen.
- Andererseits stellen wir das Nachhaltigkeitsmanagement nicht als zeitlich singuläres Ereignis dar, sondern binden es in ein umfassendes Lebenszyklusmodell ein.

Im Hinblick auf Ihre Patient:innen können Sie sich die Analogie zur Patient Journey sehr gut vorstellen. Auch dabei geht es darum, den Patienten oder die Patientin nicht isoliert nur während ihres Krankenhausaufenthalts zu betrachten. Es geht vielmehr darum, all das, was in vorgelagerten Episoden zum Beispiel der Prävention oder der Behandlung bei anderen Akteuren bereits passiert ist, ebenso in die Überlegungen miteinzubeziehen wie all die Schritte, die nach der akut-stationären Behandlung folgen. Sie können erkennen: Der gesamte Zeitstrahl, also der Lebenszyklus, spielt eine eminent wichtige Rolle nicht nur bei der Behandlung von Patient:innen, sondern natürlich auch beim Nachhaltigkeitsmanagement.

Aber nun Schritt für Schritt:

Wertschöpfungsnetzwerk oder Wertschöpfungskette

Nimmt man Nachhaltigkeit ernst, muss man die gesamte Wertschöpfungskette betrachten. Das heißt, man muss von der Produktion von Werkstoffen, der Herstellung von Maschinen und Apparaten über die Produktion bis zum Vertrieb den erforderlichen Energie- und Materialeinsatz in den Blick nehmen. Damit kann man die sachliche Perspektive der Erstellung eines Produkts – analoges gilt für eine Dienstleistung – beschreiben. In diese Analyse einzubeziehen sind zusätzlich unsere drei Dimensionen, die wirtschaftliche, die soziale sowie die ökologische.

Wesentlich komplizierter und komplexer wird die ganze Sache dann, wenn man neben Treibhausgasemissionen auch die Beeinträchtigungen auf die anderen Umweltmedien, also Boden und Wasser oder gar die Biodiversität, in das Nachhaltigkeitsmanagement einbezieht. Und zwar umfassend, den gesamten Lebenszyklus von der Produktion über die Nutzung bis zur Entsorgung.

Dieses Denken und Handeln nennen wir Systemdenken. Es umfasst sachlich das überregional verflochtene Wertschöpfungsnetzwerk von der Natur bis zur Entsorgung (▸ Abb. 14).

Das Systemdenken ist auch aus zeitlicher Perspektive weit ausgreifend – es umschließt den gesamten Lebenszyklus eines Krankenhausunternehmens.

Lebenszyklus

Die zweite Perspektive ist die zeitliche: Sie summiert den Energie- und Materialeinsatz über den gesamten Lebenszyklus eines Produkts oder einer Dienstleistung. Beginnend in ganz frühen Phasen des Produktdesigns (Beobachtungszyklus) bzw. der Produktentstehung (Entstehungszyklus) über die Produktion (Marktzyklus im Sinne des Produktionszyklus), die Verwendung beim Nutzer (Marktzyklus im Sinne des Nutzungszyklus) bis hin zur Entsorgung (Entsorgungszyklus). Für uns bedeutet dies, die gesamte Patient Journey in den Blick zu nehmen. Von der ersten Diagnose über die gesamte Behandlung bis hin zur Heilung (▸ Abb. 15).

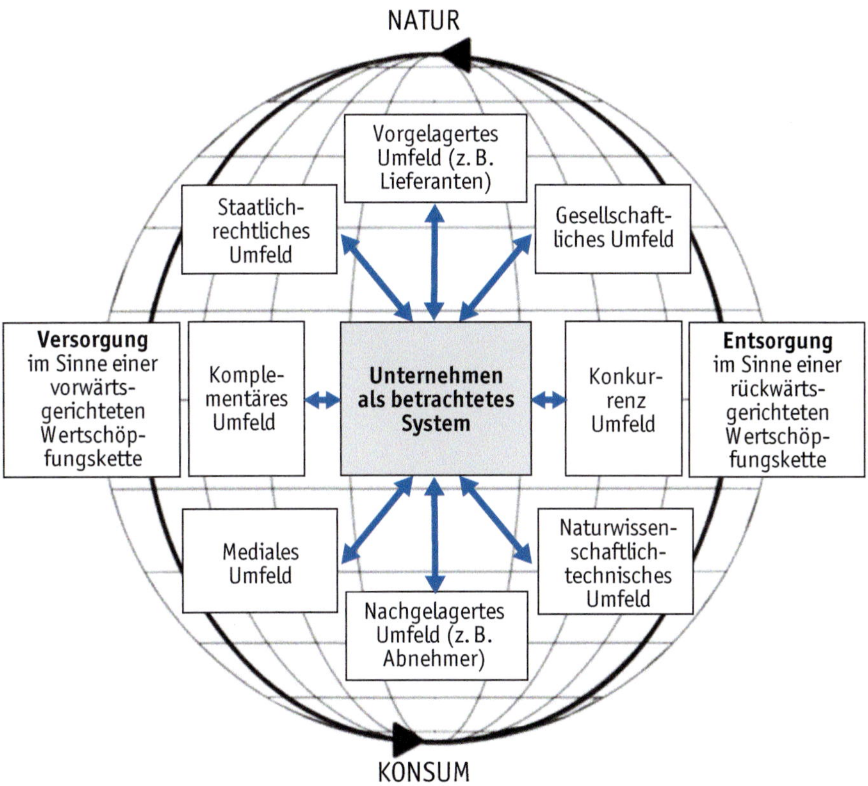

Abb. 14: Wertschöpfungsnetzwerk (Horneber 1995, S. 65)

Über alle Zyklus hinweg entstehen Umweltbelastungen in Form von Rückständen, die alle Bereiche unserer Ökosysteme betreffen können. Ziel des Nachhaltigkeitsmanagements ist es, diese Rückstände zu minimieren.

Als wäre es nicht schon schwierig genug, besteht die Aufgabe des Nachhaltigkeitsmanagements zudem darin, in Alternativen zu denken. Sie glauben sicher, ein Elektroauto wäre eine feine Sache, da es im Betrieb keine Emissionen ausstößt. Wenn Sie sich die Mühe machen, das Systemdenken lebenszyklusorientiert anzulegen, dann sieht die Sache schon ganz anders aus: Betrachtet man die Emissionen der Produktion, Nutzungsphase und Entsorgung eines e-Golf im Vergleich zu einem Golf Diesel, dann weist der e-Golf nach der Produktion einen höheren Wert an Emissionen aus als der Golf Diesel. Erst nach 125.000 Kilometern Fahrt überholt der e-Golf einen Golf Diesel und hat ab diesem Zeitpunkt einen niedrigeren Wert an Emissionen (Volkswagen 2022). Fahren Sie Ihr Auto 125.000 Kilometer?

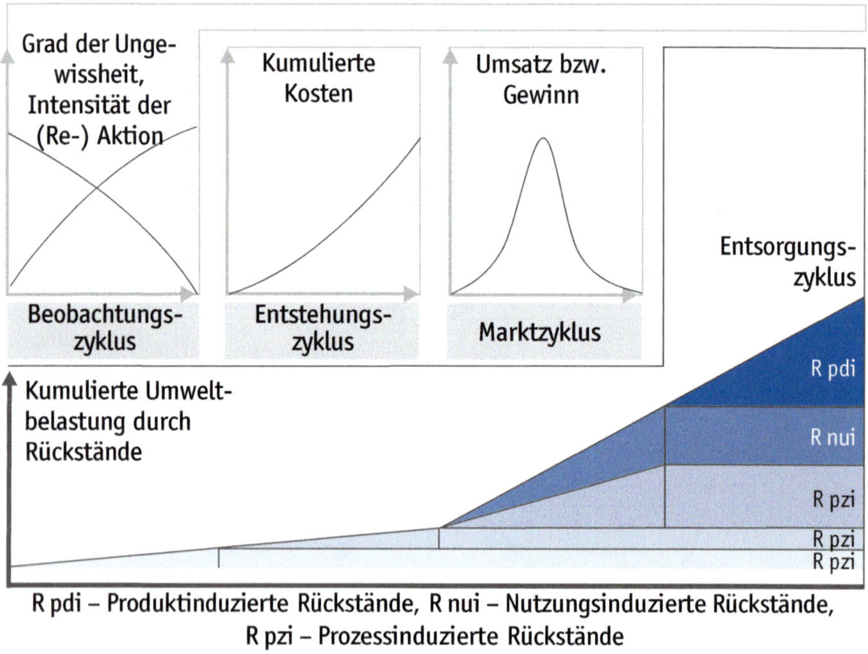

Abb. 15: Lebenszyklus-Konzept (Wertschöpfungsnetzwerk) (Horneber 1995, S. 131)

Wenn Sie diese Perspektive einnehmen, müssen Sie richtig gründlich überlegen, ob Sie Ihr altes Auto, das ja schon in der Welt ist und die Energie samt Emissionen bei seiner Produktion schon verbraucht hat, aus Nachhaltigkeitsgründen nicht doch ein wenig länger fahren. Oder, ob Sie Ihr Krankenhausgebäude wirklich abreißen und komplett neu bauen möchten. Denken Sie an die Energie, die für die Gebäudesubstanz bereits verbraucht wurde, und überlegen Sie, ob es nicht vorzugswürdig sein kann, wenigstens die Gebäudehülle weiter zu nutzen.

Unser Verständnis eines nachhaltigen Managements ist wesentlich breiter, tiefer und zeitlich ausgedehnter, als Sie es vielleicht bislang gelesen oder gehört haben. Und wir sind ziemlich große Fans dieser zugegebenermaßen anstrengenden Betrachtungsweise. Denn sie nützt nicht nur uns, sondern auch allen anderen Menschen auf unserer Erde.

Ein innovativer Ansatz, der unsere komplexe Betrachtungsweise aufgreift, sind »green clinical paths«: Der Begriff steht für den Versuch, exemplarisch an einzelnen Krankheitsbildern einen nachhaltigen Behandlungspfad zu entwerfen. Das fängt bei der Logistik an und hört bei den eingesetzten Medizinprodukten nicht auf. Durch diese Vorgehenswiese kann es gelingen, die hohe Komplexität zu reduzieren und an konkreten Beispielen Nachhaltigkeits-Know-how aufzubauen. Man könnte diesen Ansatz auch noch größer denken, als eine Art »healthservice sustanability footprint«. Dieser Begriff existiert nach unseren Recherchen so noch nicht. Aber vielleicht lassen Sie sich einfach mal auf dieses Gedankenspiel ein.

Abbildung 16 veranschaulicht unsere Strategie und unser Systemdenken. Sie bildet einen »healthservice sustanability footprint« ab: Von der Geburt bis zum Tod, von der Prävention bis zur Kuration. Wir als AGAPLESION wollen den Menschen im Mittelpunkt ein Leben lang mit unseren nachhaltigen Dienstleistungen begleiten (▸ Abb. 16).

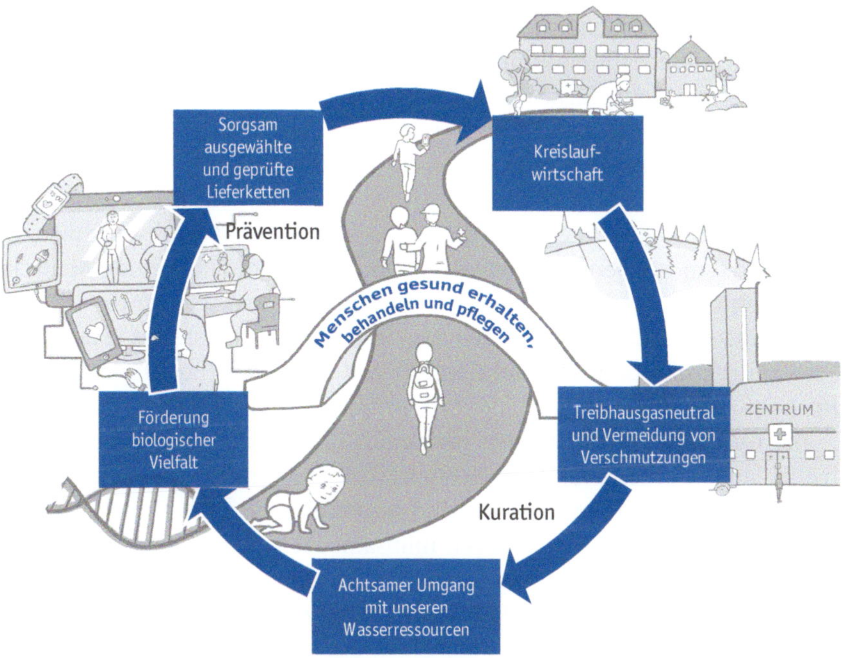

Abb. 16: Idee »healthservice sustanability footprint«

3.5 Nachhaltigkeits-Know-how aufbauen

Sie überlegen immer noch, ob Sie mutig und entschlossen genug sind, ob Sie die Macht haben, in Ihrer Organisation die Nachhaltigkeit nachhaltig ins Rollen zu bringen? Dann wollen wir Ihnen, aber auch all denjenigen, die schon längst überzeugt sind, noch ein wichtiges Argument geben, warum es sich immer lohnt, frühzeitig Erfahrungen zu sammeln:

Lernen und Erfahrungen zu sammeln, sind ganz mühsame und vor allem zeitraubende Prozesse. Sie sind gewiss nicht linear, sondern durch Rückschläge, durch Fehler, ja schreiben wir es unverblümt: durch Scheitern geprägt.

Das gilt gleichermaßen für uns als Individuen wie für eine ganze Organisation, Ihr Unternehmen. Immer wieder hören Sie von Betrieben und Einrichtungen, die vom Markt verschwinden, weil sie stehen geblieben sind, weil sie sich nicht weiterentwickelt haben. Auch die Nachhaltigkeitsthematik wird die Gesundheitsbranche im Hinblick auf den Erfolg der Akteure massiv verändern.

Lernen führt zu Wissen, wie die Dinge funktionieren und was zu tun ist. Dieses Wissen nennen wir Know-How. Know-how kann an einen Menschen gebunden oder in eine Organisation inkorporiert sein. Wenn wir das Nachhaltigkeitswissen über längere Zeit angewandt haben, entstehen Erfahrungen. Erfahrungen darüber, was funktioniert, und auch, was (noch) nicht möglich ist.

Das Gute ist: Sie können sich persönlich und Ihre Organisation rüsten: Je früher und je intensiver Sie Nachhaltigkeitswissen erwerben, desto höher wird der Vorbereitungsgrad. Sie sind vorbereitet auf das Management der Nachhaltigkeit, weil Sie sich durch mühsame, zeitintensive und häufig auch teure Lernprozesse Know-how erworben haben. Sie kennen nicht nur die einschlägigen Vorschriften, die Fragen, die Ihnen die Wirtschaftsprüfer stellen werden, und die enormen Potenziale, Gutes für unseren Planeten zu bewirken. Sie wissen im besten Fall sogar, wie Sie diese Chancen nutzen. Wie gesagt: persönlich und in Ihrer Organisation (▸ Abb. 17).

Je höher Ihr allgemeiner Vorbereitungsgrad ist, desto höher ist das grundsätzliche Wissen in der Organisation. Resiliente Organisationen verfügen über einen hohen allgemeinen Vorbereitungsgrad.

Das spezielle Wissen, das Sie sich im Einzelfall noch dazu erwerben müssen, bezeichnen wir als speziellen Vorbereitungsgrad. Er ist erforderlich, um Einzelthemen zu bearbeiten. Es kann aber auch sein, dass der spezielle Vorbereitungsgrad, das Spezialwissen, zum weiteren Aufbau des allgemeinen

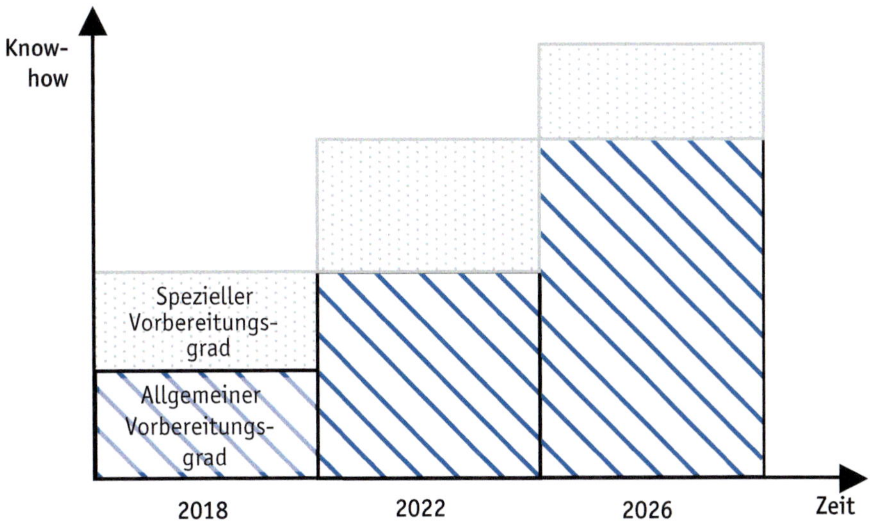

Abb. 17: Vorbereitungsgrad

Vorbereitungsgrads hilfreich ist, nämlich dann, wenn die Spezialprobleme häufiger auftreten. Je schneller Sie bzw. Ihre Organisation in der Lage sind, speziellen Vorbereitungsgrad aufzubauen, desto agiler ist Ihr Unternehmen.

Resilienz durch allgemeinen Vorbereitungsgrad und Agilität durch speziellen Vorbereitungsgrad – zwei bedeutende Merkmale einer gesunden Organisation.

Wenn Sie besonders klug sind, fangen Sie als erster an, den Vorbereitungsgrad aufzubauen, als sogenannter »First Mover«. Dann sind Sie den anderen, Ihren Marktbegleitern, immer eine Nasenlänge voraus. Sie generieren einen Wettbewerbsvorteil durch Nachhaltigkeit.

Klingt gut – oder? Aber wie bringen Sie Ihre Organisation dazu, Ihre Einsichten umzusetzen? Das schreiben wir Ihnen im nächsten Kapitel (▶ Kap. 3.6).

3.6 Nachhaltigkeitsorganisation

Verwenden Sie viel Zeit und auch Gehirnschmalz darauf zu überlegen, wie Sie die Nachhaltigkeit in Ihrem Unternehmen organisatorisch verankern? Wie schaffen Sie es zum Beispiel, Maßnahmen über mehrere Einrichtungen hinweg umzusetzen oder Kennzahlen für die Berichtserstattung zu erheben?

Einige Unternehmen haben in diesem Zusammenhang z.B. einen Chief Sustainability Officer etabliert. Andere gründen neue Abteilungen, die sich dann mit den einzelnen Themen und Aufgaben befassen, Projekte leiten und Maßnahmen umsetzen.

Wir haben das große Glück, oder vielleicht auch schon länger etwas richtig gemacht, dass wir nicht beim organisatorischen Nullpunkt starten. Und wir wünschen Ihnen natürlich, dass es Ihnen genauso geht. Bei uns existiert bereits seit mehreren Jahren eine sogenannte Lenkungsgruppe Umweltmanagement, die Etliches im Konzern umgesetzt hat. Zum Beispiel hat sie ein konzernweites Energieaudit etabliert. Zudem sind Umweltbeauftragte in unseren Einrichtungen benannt und auch das Instrument der Umweltaudits ist uns nicht unbekannt.

Zu Beginn unseres analytischen Nachhaltigkeits-Checks fragten wir uns jedoch, ob die gegenwärtige Organisationsstruktur noch den aktuellen Anforderungen entspricht und was davon gegebenenfalls weiterverwendet werden kann. Schließlich kann man auch bei Organisationsveränderungen Energie sparen. Nach reiflicher Überlegung haben wir beschlossen, die Strukturen grundlegend zu verändern und an einigen Stellen neu aufzubauen. Dabei stand vor allem eine Frage im Raum: Benötigt es einen eigenen zentralen Dienst, eine neue Abteilung oder wenigstens eine Stabstelle für das Nachhaltigkeitsmanagement?

Wir haben uns zunächst gegen eine solche organisatorische Verankerung entschieden. Aus unserer Sicht muss Nachhaltigkeit langfristig in den Berufsalltag einer jeden Mitarbeiterin und eines jeden Mitarbeiters einfließen. Bei der Patient:innenversorgung, bei der Essensverpflegung, der Reinigung oder bei neuen Projekten. Es sollte jeder in seiner Position alle drei Aspekte der Nachhaltigkeit bedenken. Ein hehres und ambitioniertes Ziel, ja. Es kann nur dann erreicht werden, wenn alle sich verantwortlich fühlen. Sie erinnern sich: Verantwortung ist einer unserer fünf Werte – da schließt sich wieder einmal der Kreis zur Unternehmenskultur.

Natürlich muss es am Ende Beauftragte geben, die bestimmte Aktionen ins Rollen bringen, Bewusstsein und Strukturen schaffen, den Erfolg messen und bei Bedarf einen Bericht verfassen. Bei uns im Konzern sind dafür wir, Christine und Claudia, die AGAPLESION-Nachhaltigkeitsmanagerinnen zuständig (▶ Abb. 18).

Zudem etablierten wir ein Expert:innenboard Nachhaltigkeit. Teilnehmer:innen dieses Boards sind Vertreter:innen aus verschiedenen Unternehmensbereichen, die sich für Themen der Nachhaltigkeit begeistern und ggf. Expert:innen sind, unabhängig von Hierarchie oder Berufsgruppe. Zusätzlich können je nach Themengebiet sowohl interne als auch externe Gäste auf

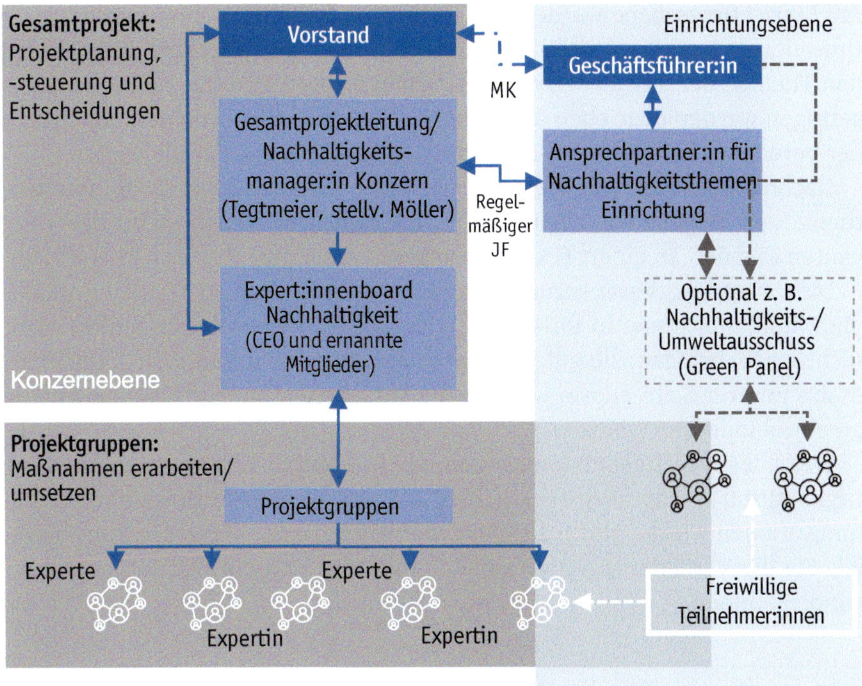

Abb. 18: Organisation des Nachhaltigkeitsmanagements

Einladung an dem Expert:innenboard teilnehmen. Um die Bedeutung des Boards allen klarzumachen, aber auch um rasch Entscheidungen treffen zu können, nimmt unser Vorstandsvorsitzender Dr. Markus Horneber an den Treffen teil. Die Aufgabe des Expert:innenboards besteht in der Beratung zu Projekten und Handlungsfeldern. Außerdem empfiehlt das Expert:innenboard die konzernweite Umsetzung von Projekten.

Zu den verschiedenen Handlungsfeldern der Nachhaltigkeit werden Projektgruppen gestartet. Sie können auch auf Initiative der Einrichtungen gegründet werden. In jeder Projektgruppe sind interne Expert:innen vertreten, die durch externe Expert:innen ergänzt werden können, um noch mehr Fachlichkeit einzubringen. Die jeweiligen Mitglieder kommen aus unseren Einrichtungen und/oder der Konzernzentrale. Jede:r Mitarbeiter:in hat die Möglichkeit, auf freiwilliger Basis in einer Projektgruppe mitzuwirken.

Weiterhin nutzen wir schon bestehende Strukturen wie Managementkonferenzen oder andere Expert:innenboards z. B. im Bereich OP oder der Pflege, um Projekte weiter voranzutreiben oder über laufende Projekte zu informieren.

Auf Einrichtungsebene werden weitere Boards, z. B. ein Nachhaltigkeits- oder Umweltausschuss, sowie einzelne Projekt-/Arbeitsgruppen etabliert. So können Themen dezentral bearbeitet und dann als Best Practice in den Konzern getragen werden oder eben andersherum. Wichtig: Wir bedienen uns immer der bereits vorhandenen Strukturen und schaffen keine Parallelwelten.

Nachhaltigkeit ist wie viele andere Themen ein riesiges Schnittstellenthema und es geht vor allem darum, die richtigen Menschen zu den relevanten Themen an einen Tisch zu bringen.

Die Umsetzung, Verankerung und Verstetigung erreichen wir aber nur über die Mitarbeiter:innen in unseren Einrichtungen. Wenn diese Nachhaltigkeit nicht leben, bringen alle gut gemeinten Konzernaktivitäten nichts. Daher ist es aus unserer Sicht enorm wichtig, die Mitarbeiter:innen gleich von Anfang an einzubinden.

Was alles schief gehen kann, lesen Sie in Kapitel 4.2 Widerstände in der Organisation (▶ Kap. 4.2). Hier gehen wir explizit auf Barrieren ein, die bei Innovationen wie der Nachhaltigkeit zu erwarten sind. Wir geben Ratschläge, wie Sie die Veränderungen erfolgreich meistern und die Widerstände überwinden können.

Unser konkreter Tipp für Ihre Organisation: Initiieren Sie Teams und Arbeitsgruppen aus Willigen und Bereiten. Fragen Sie sich, welche Strukturen und Prozesse Sie zusätzlich zu den bereits bestehenden wirklich etablieren wollen und müssen. Sparen Sie so Zeit und Energie und vermeiden Sie Entropie!

3.7 Nachhaltigkeitsmanagement – ein Zwischenfazit

Liebe Leserin, lieber Leser: Spätestens jetzt haben Sie das Rüstzeug, spätestens jetzt verfügen Sie über das wesentliche und grundlegende Wissen, um das Nachhaltigkeitsmanagement in Ihrem Unternehmen aufzubauen. Vielleicht sind Sie bereits viel weiter und konnten doch Ihren Nachhaltigkeits-Vorbereitungsgrad ein wenig erhöhen. Dann haben Sie die Nase jetzt noch weiter vorne. Wenn Sie zudem auch über die Macht verfügen oder jemanden finden, der sie Ihnen verleiht, dann kann Sie niemand und nichts mehr aufhalten.

Sie schaffen zunächst die erforderliche kulturelle Verankerung, um eine tragfähige Basis für die Nachhaltigkeit zu bauen. Dann fügen Sie die Nachhaltigkeitsperspektive in Ihre Unternehmensstrategie ein. Und Sie wissen: Die Zukunft ereignet sich nicht einfach, sondern jeder und jede von uns kann gestaltend eingreifen. Gemeinsam können wir eine nachhaltigere Zukunft bewirken. Der Blick zurück auf die Gegenwart zeigt uns den Weg und die Voraussage beschreibt ihn.

Dieser Weg allerdings ist verschlungen und unübersichtlich. Beileibe keine Autobahn. Deswegen ist ein sachlich und zeitlich komplexes Denken vonnöten. Sachlich komplexes Denken, um die Wertschöpfungsketten samt deren vielfältigen Wechselwirkungen zutreffend zu erfassen. Denn nur dann sind sinnvolle, nachhaltige Lösungen denkbar. Die zeitliche Dimension muss über den gesamten Lebenszyklus aufgespannt werden.

Dieses Know-how sollten Sie nun in Ihre Organisation einbauen, um es einerseits zu verbreitern und um es andererseits zu verstetigen. Es gilt, die Nachhaltigkeitsperspektive permanent aktuell und gegenwärtig zu halten, damit sie Wirkkraft entfaltet.

Nicht mehr, aber auch nicht weniger ist grundsätzlich zu tun, um ein wirksames Nachhaltigkeitsmanagement im Krankenhaus aufzubauen. Das sind die Managementgrundlagen.

Sie zweifeln noch? Tun Sie das ruhig und lesen Sie getrost weiter.

4 Nachhaltig in den Abgrund

Sie denken sich: Muss das alles sein? Ist doch ganz schön anstrengend, kostet Zeit, viel Mühe und zumindest am Anfang sogar Geld.

In kaum etwas anderem sind wir Menschen (egal ob Manager:innen oder Mitarbeiter:innen) kreativer als in Vermeidungsstrategien und guten Gründen dafür, dass etwas nichts geht. Schauen und lesen Sie.

4.1 Individuelle Glaubenssätze können lähmen wie Gift

Glaubenssätze sind tief verankerte, meist unbewusste Überzeugungen und innere Prägungen. Sie werden seit dem Kindesalter, aber durchaus auch noch später erworben und sie prägen maßgeblich unser Verhalten bzw. Handeln. Denken Sie einmal nach, welche Glaubenssätze Sie, aber auch Ihre Kolleg:-innen, Bekannten oder Ihre Familie mit der Nachhaltigkeit verbinden. Seien Sie ehrlich zu sich selbst – vielleicht haben Sie ja manches schon überwunden oder Sie haben schon immer eine andere Perspektive. Wir haben jedenfalls schon so einige Glaubenssätze gehört (▸ Abb. 19).

Wenn Sie in unserem Kapitel »Prüfen Sie sich selbst« den kleinen, nicht ganz ernst gemeinten Test gemacht haben, dann wissen Sie, was wir mit Glaubenssätzen meinen (▸ Kap. 1.4). Sie können lähmen wie Gift. Sie sich und anderen bewusst zu machen, um dagegen arbeiten zu können, ist eine Herausforderung.

Doch die Zeiten ändern sich: Mittlerweile müssen wir uns nicht mehr dafür entschuldigen, dass wir die Nachhaltigkeit in den Fokus genommen haben, sondern wir sind in der Begründungsnot, warum wir das vielleicht (immer) noch nicht tun. Also: nicht warten, sondern starten, die negativen Glaubenssätze endgültig ad acta legen und ins Positive wandeln.

Nachhaltigkeit und vor allem Klima ist kein lokales oder regionales Thema. Die Aussage, dass zuerst andere etwas machen müssen, ist schlicht eine Ausrede. Jeder und jede muss seinen und ihren Beitrag leisten. Anthony Leiserowitz (Senior Research Scientist and Director of the Yale Program on Cli-

Abb. 19: Glaubenssätze

mate Change Communication) fordert das in fünf Kernaussagen zum Klimawandel ein (Deutsches Klimakonsortium 2022):

1. Er ist real.
2. Wir sind die Ursache.
3. Er ist gefährlich.
4. Die Fachleute sind sich einig.
5. Wir können noch etwas tun.

Diakonie und Nachhaltigkeit
»Während ich diese Zeilen schreibe, tagt im ägyptischen Sharm El-Sheikh die Klimawandelkonferenz COP27. Sie rückt wieder stärker ins öffentliche Bewusstsein, dass die Klimakrise die größte Krise unserer Zeit ist. Die Gesundheits- und Sozialwirtschaft kann einen wichtigen Beitrag zum Klimaschutz leisten. In Punkto CO_2-Reduktion ist sie ein schlafender Riese. Unsere Einrichtungen stellen einen erheblichen Hebel dar, damit nachhaltige Entwicklung wirklich gelingen kann, arbeiten sie doch jeden Tag bereits an der Umsetzung der nachhaltigen Entwicklungsziele (SDGs) der Weltgemeinschaft, wenn es um Gesundheit und Wohlergehen, Armutsbekämpfung, hochwertige Bildung oder Geschlechtergerechtigkeit geht. Unter-

nehmerische Diakonie hat sich wie viele Menschen an vielen Orten engagiert auf den Weg gemacht, um klare Schritte in Richtung Klimaneutralität zu gehen. Einen Löwenanteil an den CO_2-Emmissionen haben dabei die Gebäude, auf die nahezu 50 % der Belastungen entfallen. Aber auch Mobilität oder Beschaffung (Dienstkleidung, Vermeidung von Essensabfall) tragen erheblich dazu bei.

Längst stellt sich die Frage nicht mehr, ob dieser Weg zu gehen ist, sondern viel mehr: Reicht die Geschwindigkeit in der Transformation. Hier sind wir alle gefragt. Und selbstverständlich auch die Politik, die endlich aus ihrer Ressortlogik heraus- und zu einem kohärenten und nachhaltigen Perspektivwechsel finden muss. Neben einer konsequenten Förderung der Sozialwirtschaft gehört dazu auch eine Ausrichtung der sozialen Arbeit an nachhaltigen umweltbezogenen und gesellschaftlichen Wirkungen in den Sozialgesetzbüchern.«

Pfarrer Ulrich Lilie (geboren 1957) ist seit 2014 Präsident der Diakonie Deutschland, stellv. Vorstandsvorsitzender des Evangelischen Werkes für Diakonie und Entwicklung und momentan Vizepräsident der Bundesarbeitsgemeinschaft der Freien Wohlfahrtspflege (BAGFW).

4.2 Widerstände in Ihrer Organisation

Schon einmal super und herzlichen Glückwunsch: Sie persönlich haben die negativen Glaubenssätze ins Positive gewendet und sind voller Elan, durchzustarten. Sie wollen nun in Ihrer Organisation die Weichen nachhaltig richtigstellen. Doch ganz so einfach wird es vermutlich nicht werden. Wenn doch, umso besser.

Sobald in einem Unternehmen oder vielleicht sogar nur in einem Team etwas »Neues« eingeführt werden soll, also etwas, das vom Altbekannten abweicht, kann dies Mitarbeiter:innen zu verschiedenen Reaktionen führen.

Eventuell haben Sie Mitarbeiter:innen in Ihrem Team bzw. Unternehmen, die sich darauf freuen, etwas anderes, etwas Neues zu beginnen. Bei den meisten Mitarbeiter:innen, aber auch Führungskräften, führen Innovationen jedoch zu Abwehrreaktionen. Barrieren werden aufgebaut. Innovationen –

und seien Sie noch so klein – werden als Störenfriede im wohlgeordneten Regelwerk wahrgenommen (Duarte und Sanchez 2017, S. 11)[1].

Ein tragfähiges Nachhaltigkeitsmanagement zu etablieren, was etwas Neues und teilweise auch Innovatives im Gesundheitswesen ist, ist alles andere als trivial. Denn wir verlieren massiv an Erfahrung, müssen die etablierten Vorgehensweisen und unsere Systeme umbauen. Dies kommt dem Prozess einer schöpferischen Zerstörung im Schumpert'schen Sinn gleich (Horneber und Schoenauer 2011, S. 146 ff.).

> Schumpeter entwickelte eine Theorie der wirtschaftlichen Entwicklung des kapitalistischen Wirtschaftssystems, die er durch innerwirtschaftliche Veränderungen erklärte. Diese Veränderungen beruhen vor allem auf dynamischen Unternehmern, die Innovationen durchsetzen, Pioniergewinne erzielen und den Konjunkturaufschwung herbeiführen. Dieser Prozess schöpferischer Zerstörung ermögliche Wachstum und technischen Fortschritt (Bundeszentrale für politische Bildung 2016).

Die Innovationskraft eines Unternehmens, aber auch eines einzelnen Mitarbeiters wird von drei Faktoren beeinflusst: dem Können, dem Wollen und dem Sollen bzw. Dürfen.

Oder anders ausgedrückt: der Fähigkeit, dem Willen und der Möglichkeit. Sie erinnern sich – das sind die drei Komponenten, die Macht verleihen, Entscheidungen zu treffen.

Beim Thema Changemanagement, also dem Management von Veränderungen im Unternehmen, kommt noch eine vierte Dimension dazu: das Kennen, also das Wissen über z. B. Nachhaltigkeit (▸ Abb. 20).

Die Veränderungs- oder auch Innovationsfähigkeit sowie die Veränderungsbereitschaft sind Zahnräder, die ineinandergreifen und durch Barrieren blockiert werden. Die Zahnräder kommen nur in Bewegung, wenn sie gut geölt sind. Widerstände im Bereich Kennen und Sollen sind in erster Linie der Organisationsebene zuzuordnen, das Können und Wollen dagegen primär der persönlichen Ebene.

1 Viele Anregungen, wie Sie den Wandel erfolgreich gestalten können, finden Sie auch bei Duarte.

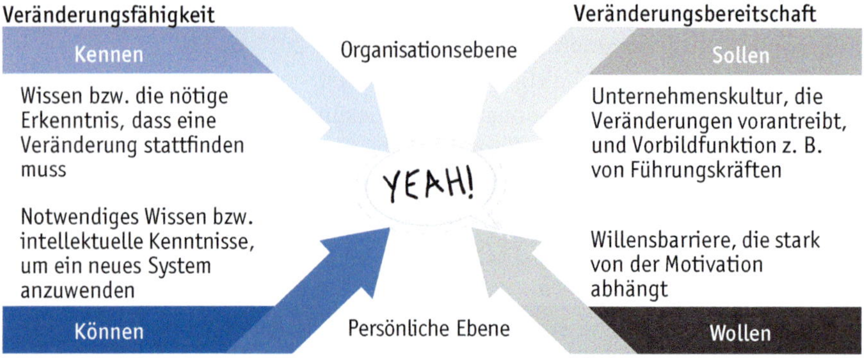

Abb. 20: Widerstände überwinden

Die Auslöser von Widerständen und Barrieren

Nicht-Kennen: Einsicht/Verständnis

Ihr Unternehmen, Ihre Führungskräfte und Mitarbeiter:innen – alle müssen verstehen, warum Nachhaltigkeit auch bei ihnen im Unternehmen eine Rolle spielt. Warum sie ihren Beitrag leisten müssen. Fehlt dieses Verständnis, kennen die Mitarbeiter:innen die Gründe nicht, werden Sie keine breite Basis für Ihr Anliegen finden. Die oben genannten negativen Glaubenssätze werden Ihnen vor allem in dieser Dimension, aber auch im Nicht-Wollen begegnen.

Nicht-Können: Fähigkeit

In dieser Dimension geht es um fehlendes Know-How, um nicht ausreichende Kenntnisse, Fähigkeiten oder Methodenkompetenzen, um Veränderungen im Rahmen des Nachhaltigkeitsmanagements herbeizuführen. Sie haben vielleicht niemanden im Unternehmen, der sich mit dem Thema auskennt.

Nicht-Sollen/Dürfen: Möglichkeit

Fehlen auf Organisationsebene die notwendigen Rahmenbedingungen, also z.B. eine entsprechende Unternehmenskultur, die Ideenentwicklung und -umsetzung zulässt und fördert, kann das dazu führen, dass Ihre Mitarbeiter:innen keine Möglichkeiten sehen, ein Nachhaltigkeitsmanagement einzuführen. Wenn Ihre Führungskräfte das Thema zudem noch als unnütz und Zeitverschwendung betrachten, blockieren diese organisatorischen Barrieren vor allem das »Dürfen« durch fehlende Prozesse und Strukturen.

Nicht-Wollen: Wille

Neues bzw. Veränderungen kann man nicht befehlen. Alles Wissen und jede Fähigkeit bringen nichts, wenn man sie nicht anwenden will. Fehlen in Ihrem Unternehmen engagierte und ideenreiche Köpfe, die die Bereitschaft und Motivation zeigen, etwas Neues, wie etwa ein Nachhaltigkeitsmanagement, aufzubauen, werden Sie scheitern. Der Wille ist eine besonders schwerwiegende Barriere, welche das »Wollen« blockiert. Bei dieser Barriere existieren auf individueller Ebene verschiedene Gründe (Müller-Prothmann und Dörr 2011):

- Persönliche Vorbehalte gegen Neuerungen
- Verhalten von anderen Kolleg:innen bzw. Macht und Einfluss von Gruppen
- Not-invented-here-Syndrom (Die Idee kann nicht gut sein, denn sie war nicht von mir.)
- Widerstand durch Zeitdruck angesichts vermeintlich dringenderer Problemlösungen

Das Gute ist, dass schon lange bekannt ist, wie man diese Barrieren verhindern oder auch überwinden kann. Das macht es nicht minder schwierig, aber zumindest können wir Ihnen Lösungen aufzeigen. Wenn Sie 20 % Ihrer Mitarbeiter:innen zu Fans des Nachhaltigkeitsmanagements gemacht haben, kann Sie nichts mehr aufhalten. Dann zündet der Funke und springt in Ihrer Organisation auf alle über – das Nachhaltigkeitsfeuer brennt.

Maßnahmen zur Überwindung von Widerständen/Barrieren

Um den Wandel voranzutreiben und ein Nachhaltigkeitsmanagement im Krankenhaus oder in einer anderen Gesundheitseinrichtung aufbauen zu können, müssen die oben genannten Auslöser von Widerständen abgebaut werden.

Zum einen müssen außerhalb des Unternehmens (Politik, Gesetzgebung, Gesellschaft, ...) und zum anderen innerhalb des Unternehmens die Barrieren so weit wie möglich reduziert werden. Die äußeren Faktoren können von Ihnen nur schwer beeinflusst werden, müssen jedoch ständig im Auge behalten warden (▸ Abb. 21).

Die meiste Energie sollten Sie für den Abbau der innerbetrieblichen Barrieren aufwenden, also alle Faktoren in den Fokus nehmen und abbauen, die das Kennen, Können, Wollen und Sollen begrenzen oder gar verhindern. AGAPLESION hat für sich folgende Maßnahmen definiert:

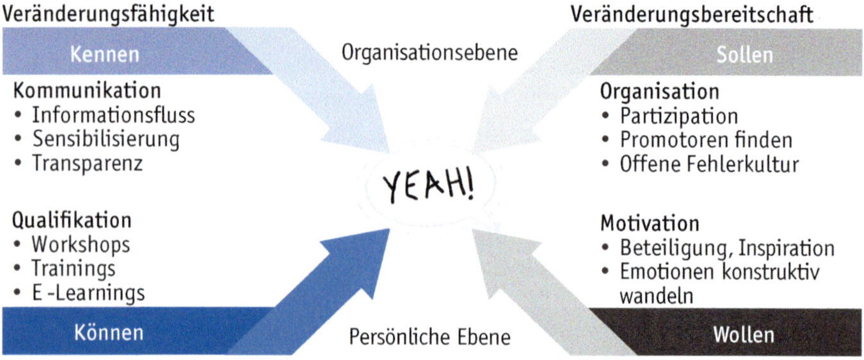

Abb. 21: Maßnahmen, um Akzeptanz zu schaffen

Kommunikation

Der Kommunikation kommt in allen Change-Prozessen eine ganz wesentliche Rolle zu. Sie ist Dreh- und Angelpunkt auch für die drei anderen Dimensionen.

Wie machen wir das? Wir spielen das Thema Nachhaltigkeit in alle unsere internen Kanäle wie unser Intranet, Teams, unseren monatlichen Konzern-Newsletter und auch Mitarbeiterforen ein. Zudem werden auch extern auf unserer Webseite und im Rahmen unserer Auftritte auf Social-Media-Plattformen Informationen verteilt.

Qualifikation

Haben Sie Widerstände im Unternehmen selbst identifiziert bzw. haben Sie festgestellt, dass Sie noch nicht gut genug aufgestellt sind, dann empfehlen wir Ihnen Kapitel 3.5 Know-how-Aufbau (▸ Kap. 3.5).

Aber denken Sie daran, nicht nur auf der obersten Ebene Wissen und Fähigkeiten zu schaffen. Versuchen Sie, möglichst viele Mitarbeiter:innen auf allen Ebenen Ihrer Einrichtungen zu befähigen. Wir bieten dazu sogenannte Lunch & Learn-Termine an. Das ist eine kurzes Online-Lern-Format während der Mittagpause. Weiterhin informieren wir regelmäßig in Newslettern zu verschiedenen Themen und stellen Wissen auf unserer Intranetseite zur Verfügung. Zudem bauen wir auch in den verschiedenen Projekt- und Arbeitsgruppen Know-How auf.

Organisation

Um Widerstände und Barrieren in der Organisation abbauen zu können, müssen Sie vor allem Ihre Führungsebene begeistern, indem Sie eine entsprechende Kultur schaffen. Sollten Sie hier Nachholbedarf sehen, schauen Sie sich noch einmal Kapitel 3.1 Unternehmenskultur und 3.6 Nachhaltigkeitsorganisation an (▶ Kap. 3.1, ▶ Kap. 3.6).

Ein weiteres Instrument, um das Nicht-Dürfen zu überwinden, ist das Ideenmanagement. Es umfasst die Generierung, Sammlung und Auswahl geeigneter Ideen für Verbesserungen und Neuerungen. Wir haben dazu bei AGAPLESION eine konzernweite Ideenbörse etabliert, die durch unsere Mitarbeiter:innen rege mit Nachhaltigkeitsideen aus ihrem Arbeitsalltag gefüllt wird. Viele dieser Ideen versuchen wir, über Maßnahmen (▶ Kap. 6) umzusetzen.

Motivation

Das Nicht-Wollen ist – wie schon beschrieben – eine schwierige Angelegenheit. Alle bereits genannten Maßnahmen tragen indirekt auch dazu bei, die Motivation der Mitarbeiter:innen positiv zu beeinflussen. Finden Sie Beispiele in Ihrem Unternehmen, bei denen Mitarbeiter:innen etwas bewirkt haben, oder Ideen, die umgesetzt und prämiert wurden. Schaffen Sie Inspiration z. B. durch sogenannte Promotoren, die durch Initiative und Engagement Vorbildcharakter haben können. Etablieren Sie Beteiligungsmöglichkeiten. Wir bieten Sprechstunden zur Nachhaltigkeit oder ein Vorstands-Café an: Zum Thema Nachhaltigkeit tausche ich (Markus Horneber) mich direkt mit Mitarbeiter:innen aus allen Bereichen und allen Ebenen in einem offenen Format aus.

Am Ende muss uns natürlich klar sein, dass wir nie alle erreichen werden. Stecken Sie Ihre Energien daher in die motivierten Mitarbeiter:innen und vermeiden Sie es, Ihre Energie (siehe Entropiegesetz) an Unbelehrbare zu verschwenden.

4.3 Versuchen wir es mal mit Greenwashing

Wenn wir schon beim Thema »Energie in etwas stecken« sind, dann sind wir auch gleich beim nächsten Abgrund: dem Greenwashing.

Wir werden von allen Seiten mit Werbung für vermeintlich nachhaltige Produkte bombardiert. Wenn ich (Christine Tegtmeier) durch meinen Facebook- oder Instagram-Feed scrolle, dann entdecke ich Bettwäsche aus Tencel anstelle von Baumwolle, Schuhe mit einer Sohle aus vulkanisiertem Kautschuk anstelle von Gummi oder einen Pullover mit dem Label »fair trade«. Kritisch reflektiert muss ich wohl zugeben, dass ich bei meinen Kaufentscheidungen ziemlich auf die Schlagwörter nachhaltig, sustainable oder fair abfahre. Zumindest hat der Algorithmus von Facebook oder Instagram dies so für mich erkannt. In der auf mich personalisierten Werbungswelt gibt es eigentlich keine nicht-nachhaltigen Produkte mehr.

Neulich auf einer Konferenz, die ich gemeinsam mit Claudia Möller besuchte, greifen wir in der Pause im Supermarkt zu den klimaneutralen Katjes. Immerhin machen wir uns noch die Mühe, lesen das Kleingedruckte auf der Packung und entdecken die Einschränkung »klimaneutral im Scope-1«. Die Recherche im Internet zeigt, dass es zu der Fragestellung, wann ein Unternehmen mit dem Begriff »klimaneutral« werben darf, bereits erste Gerichtsurteile gibt. So hat die Zentrale zur Bekämpfung unlauteren Wettbewerbs (Wettbewerbszentrale) im Juni 2022 Katjes wegen Irreführung auf die Unterlassung einer Werbung in einer Fachzeitschrift für Lebensmittel verklagt. In dieser hatte Katjes mit der Aussage geworben, seit 2021 alle Produkte klimaneutral zu produzieren. Die Werbung war mit einem Link versehen, unter dem sich Informationen zu der Kompensation der klimabelastenden Herstellung fanden. Das Landgericht Kleve wies die Klage ab. Die Produktion der Katjes als solche laufe zwar nicht klimaneutral ab, Klimaneutralität könne aber auch durch Kompensation erreicht werden (Landgericht Kleve 2022).

Die Begriffe nachhaltig oder klimaneutral verkommen immer mehr zu einem Marketingclaim. Groß und gut sichtbar auf der Homepage oder der Verpackung platziert, lässt sich leicht der häufig höhere Preis im Vergleich zu anderen Produkten rechtfertigen. Als Verbraucher:innen sind wir nicht mehr in der Lage, eine fundierte Entscheidung zu treffen, ob ein Produkt das halten kann, was es verspricht, und ob sich ein Unternehmen tiefgreifend und fundiert damit beschäftigt, nachhaltigere Lösungen zu gestalten, oder es mal mit Greenwashing versucht.

Greenwashing bezeichnet den Versuch von Organisationen, durch Kommunikation, Marketing und Einzelmaßnahmen ein »grünes Image« zu erlangen, ohne entsprechende Maßnahmen im operativen Geschäft systematisch verankert zu haben (Lin-Hi 2022).

Problematisch ist in diesem Kontext, dass der Begriff klimaneutral, wie im Kapitel 2.2.1 beschrieben, nicht eindeutig definiert ist und teilweise falsch genutzt wird (► Kap. 2.2.1). Im Moment reicht die Auslegung von einer möglichen Kompensation durch Ausgleichszahlungen in Form von Zertifikaten bis hin zu der Forderung, dass, um Klimaneutralität zu erreichen, keine CO_2-Emissionen mehr emittiert werden dürfen. Letzteres ist offensichtlich unrealistisch.

Auch wenn es unrealistisch ist, keine CO_2-Emissionen mehr zu emittieren, das Thema Kompensation hat einen Beigeschmack. Neben dem offiziellen Handel mit CO_2-Zertifikaten auf Basis des Kyoto-Protokolls und der ab 2021 geplanten CO_2-Bepreisung gibt es die Möglichkeit, CO_2-Zertifikate aus unterschiedlichen Projekten zu erwerben. Diese werden dann den unternehmenseigenen CO_2-Emissionen gegengerechnet. Die Projekte, zum Beispiel in den Bereichen der erneuerbaren Energien oder der Aufforstung, müssen nachweisbar CO_2-Emissionen reduzieren und das Kriterium der Zusätzlichkeit erfüllen.

Zusätzlichkeit bedeutet, dass das Projekt ohne die Einnahmen aus den CO_2-Zertifikaten nicht hätte realisiert werden können.

Die CO_2-Zertifikate werden bisweilen als Ablasshandel bezeichnet. Zum einen ist es fragwürdig, ob die Projekte, zu denen die Zertifikate angeboten werden, tatsächlich alle CO_2-Emissionen einsparen und das Kriterium der Zusätzlichkeit erfüllen. Dies ist insbesondere bei Projekten zu erneuerbaren Energien zu bezweifeln, da sich die meisten Staaten zur Reduktion ihrer THG-Emissionen verpflichtet haben. Zum anderen sind die Zertifikate häufig zu billig (ca. 5 bis 25 € pro Tonne CO_2) (Wolters u. a. 2018). Provokant: Für ein Unternehmen kann es unter Umständen sogar günstiger sein, die CO_{2}-Emissionen zu kompensieren, anstatt Maßnahmen zu ergreifen, um diese zu reduzieren. Dies ist auch eine ethische Fragestellung: Möchte sich ein Unternehmen wirklich nur von seinen CO_2-Emissionen freikaufen oder sich glaubwürdig an der Lösung eines der größten gesellschaftlichen Probleme beteiligen?

Aus unserer Sicht sollte die Vermeidung (▶ Kap. 2.2.2) gegenüber einer Kompensation von CO_{2}-Emissionen bevorzugt werden. Es ist viel wichtiger, die Umwelt und speziell das Klima nicht weiter zu belasten, indem auf bestimmte Rohstoffe, Prozesse oder ähnliches verzichtet wird, anstatt die Auswirkungen der Geschäftsaktivitäten auf fragwürdige Weise zu kompensieren. Gerade die Akteure in der Gesundheitswirtschaft sollten mit den Begriffen nachhaltig oder klimaneutral höchst differenziert und sehr verantwortungsvoll umgehen. Sie sollten kein Lippenbekenntnis bleiben und vor allem nicht zu Marketingzwecken missbraucht werden.

Bei nicht wenigen Unternehmen liegt beim Thema Nachhaltigkeit der Fokus auf Schnelligkeit. Schnell nach außen und innen sichtbare Maßnahmen umsetzen, denn dies nicht zu tun, kann sich heute eigentlich kein Unternehmen mehr leisten. Die Kund:innen, die Mitarbeiter:innen und andere Stakeholder fordern dies. Keine Nachhaltigkeitskommunikation bedeutet einen Wettbewerbsnachteil. Denken Sie in diesem Zusammenhang jedoch bitte auch an mögliche Reputationsrisiken: Wer möchte schon gerne auf Seite eins der Bild am Sonntag mit einem Nachhaltigkeitsskandal zu finden sein?

Ein prominentes Beispiel für einen Nachhaltigkeitsskandal und für Greenwashing ist der Volkswagen-Dieselskandal, der sich später als branchenweiter Dieselgate-Skandal entpuppte. Mit dem zunehmenden Bewusstsein über die gesundheitlichen Risiken von Dieselabgasen wurden strengere Emissionsvorschriften für neue Dieselfahrzeuge erlassen. VW reagierte mit einem Werbespot darauf, um die eigene Clean-Diesel-Technologie zu bewerben und die Wahrnehmung positiv zu beeinflussen. Das Ende der Geschichte ist bekannt: VW programmierte die Motorsteuerungssoftware für seine Dieselfahrzeuge neu, um die staatlichen Abgabetests zu bestehen und die geforderten Emissionswerte einzuhalten. Das Unternehmen (und viele andere Hersteller) wurde letztlich erwischt und musste entsprechende Strafen zahlen (Greenwood 2021, S. 15).

Auch RWE gehört zu den vermeintlichen Umweltrettern. Der Energiekonzern hat sich das Ziel gesteckt bis 2040 klimaneutral zu sein und tätigt folgende Aussage: »Schon heute ist der größte Teil unseres Kerngeschäfts grüner Strom« (RWE 2022). Die Wahrheit zeigt ein anderes Bild: Der Anteil an erneuerbarer Energie lag bei RWE im Jahr 2021 bei 20,2 %, rund 80 % der Energie stammte aus nicht erneuerbaren Quellen wie Gas oder Braunkohle (Statista 2022). 2019 erzeugte der Energiekonzern in Deutschland noch CO_2-Emissionen in Höhe von 792 g/kWh. Dieser Wert lag annähernd doppelt so hoch wie die CO_2-Emissionen des durchschnittlichen deutschen Strommix. In anderen Zahlen: Nur 2,2 % des deutschen Ökostroms kommen von RWE. Zusätzlich beharrt der Energieriese vehement auf der Braunkohle-Restlaufzeit bis 2038 (EnergyComment 2021). Von der deutschen Umwelthilfe erhielt RWE den Goldenen Geier 2021 für die »dreisteste Umweltlüge des Jahres« und setzte sich im negativen Sinne gegen Mitstreiter wie Nespresso, Tetra Pak und BMW durch (Deutsche Umwelthilfe 2021).

Ehrlichkeit, lieber Leser, liebe Leserin, ist angesagt. Ehrlich gemeinte Übernahme von Verantwortung und kompetentes Handeln auf fundierter Basis.

Vielleicht kann es auf dem Weg zu einem nachhaltigeren Unternehmen einen Mittelweg geben: starten, loslaufen, erste Maßnahmen umsetzen und parallel ein robustes Kennzahlensystem aufbauen. Das kostet Zeit und Mühe, ist aber langfristig außerordentlich lohnend!

4.4 Der Druck wächst

Der Druck wächst – die Nachhaltigkeitsschraube dreht sich. Selbst Hartgesottenen fällt es zusehends schwerer, das deutlich Sichtbare zu leugnen. Wenn wir an einem Tag so viel fossile Energie verbrauchen, wie in 1.000 Jahren entstanden ist, benötigt man kein Mathematikstudium, um zu verstehen, was auf uns zukommt. Experten sagen und schreiben immer öfter von Kipppunkten. Das Schmelzen der Eisschilde oder das Abholzen des Amazonas-Regenwaldes werden zum Beispiel als solche bezeichnet. Damit ist gemeint: Ab einem Schwellenwert können die Folgen nahezu unumkehrbar sein und weitere Kettenreaktionen nach sich ziehen (Tagesschau 2022). Ist dieser Kipppunkt also erst einmal überschritten, gibt es kein Zurück mehr.

Wir alle erleben die Verstärkung der politischen, aber auch der persönlichen Aktivitäten. Die Toleranzschwelle gegenüber den Sorglosen sinkt in unserer Gesellschaft. Denken Sie an die aktuellen Diskussionen, der Ton wird immer rauer. Es kommt ein Schraubenprozess in Gang: der Druck steigt stetig, die Spielräume werden geringer. Die Nachhaltigkeitsschraube dreht sich (▸ Abb. 22).

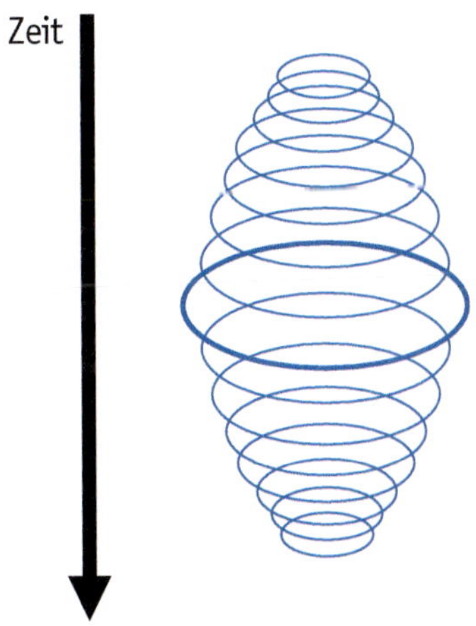

1. **Latenzphase**
   („Die Grenzen des Wachstums", Bericht des Club of Rome zur Lage der Menschheit (1972))
2. **Emergenzphase**
   (Greta Thunberg, Fridays for Future (seit 2018))
3. **Aufschwungphase**
   (European Green Deal (2019))
4. **Reifephase**
5. **Abschwungphase**

Abb. 22: Nachhaltigkeitsschraube

Die Nachhaltigkeitsschraube durchläuft fünf typische Phasen:

1. Die erste Phase nennt man Latenzphase. Erste Äußerungen zu unserem Nachhaltigkeitsproblem sind wahrnehmbar. Sie werden häufig Randgruppen, »Spinnern«, zugeschrieben. Das Problem wird flächendeckend in keiner Weise ernst genommen. Der Club of Rome war und ist eine bahnbrechende Organisation, die zu Beginn im Jahr 1968 sicher nicht im Mittelpunkt des Interesses stand. Ein weiteres Beispiel ist die politische Partei »Bündnis 90/Die Grünen«, der man bei ihrer Gründung im Jahr 1980 vieles zugetraut hat, aber sicher keine Regierungsfähigkeit.
2. Die Latenzphase wird abgelöst von der Emergenzphase. Hier wird das Problem offensichtlich. Meinungsäußerungen und auch Proteste werden sichtbarer. Mittlerweile wissenschaftlich nachweisbare Auswirkungen des Klimawandels werden immer stärker thematisiert, von vielen jedoch noch geleugnet oder ignoriert.
3. In der Aufschwungphase schließlich kann niemand mehr die Augen verschließen. Die Berichterstattung über nachhaltiges Wirtschaften, die Konsequenzen der Umweltzerstörung sind in allen sozialen und anderen Medien angekommen. Genau in dieser Phase befindet sich die öffentliche Diskussion heute. Nicht mehr die Nachhaltigkeit an sich ist nunmehr kontrovers, wohl aber die Meinungen hierüber.
4. Eng mit der Aufschwungphase ist die Reifephase verbunden, in der über die soziale, politische und wirtschaftliche Behandlung des Themas entschieden wird.
5. Schließlich folgt die Abschwungphase im Sinne einer Abwendung vom Thema. Entweder weil das Problem gelöst ist oder weil kein Ausweg mehr möglich ist.

Die Nachhaltigkeitsschraube können Sie nicht nur in der Gesellschaft, in unseren Umsystemen erleben. Nein – sie ist genauso einschlägig für Ihr Gesundheitsunternehmen. Und deswegen schreiben wir auch dieses kleine Kapitel: Sie können kaum mehr die Augen verschließen, denn Ihre Mitarbeiter:innen und auch die Kund:innen werden dies nicht mehr zulassen.

Also, liebe Leserinnen und Leser: Es geht tatsächlich darum, die Krise als Chance zu nutzen. Viel zu oft warten wir ab, haben falsche Glaubenssätze und sind träge. Manchmal so lange, bis es nicht mehr anders geht. Sehen Sie nicht nur Barrieren. Prüfen Sie, wie Sie die Herausforderungen der Nachhaltigkeit angehen können. Schon immer steckt ein enormes Aufbruchspotenzial in Krisen, denn sie lassen schlicht nicht zu, dass wir weiter machen wie bisher.

Begehen Sie aber auf keinen Fall den Fehler, das Thema halbherzig anzugehen. Ihre Kund:innen und Mitarbeiter:innen werden schnell erkennen, ob Sie es ernst meinen oder ob Sie nur ein bisschen grüne Außendarstellung betreiben.

Unser Rat: Falls Sie Führungskraft, Chef oder Chefin sind: Setzen Sie sich glaubwürdig an die Spitze. Wenn Ihre Mitarbeiter:innen authentisch erleben, wie Sie die Nachhaltigkeitsthematik persönlich bewegt, dann werden auch sie aufbrechen und sich verändern.

5 Nachhaltigkeitsmanagement Teil 2 – praktisch, effektiv und effizient

Die ersten Schritte sind getan. Mögliche Vermeidungsstrategien sind überwunden und in Ihrer Organisation wurde ein:e Verantwortliche:r für das Thema Nachhaltigkeit benannt. Der erteilte Arbeitsauftrag lautet: Bauen Sie bitte ein Nachhaltigkeitsmanagement für unser Unternehmen auf. Jetzt stehen Sie da, liebe:r Nachhaltigkeitsmanager:in, und fragen sich, wo und wie Sie eigentlich beginnen sollen.

In diesem Kapitel beschreiben wir, wo und wie wir bei AGAPLESION begonnen haben. Ganz praktisch, ganz ehrlich. In einigen Punkten sind wir bereits weit gekommen, in anderen Punkten stehen wir noch am Anfang. Aber sehen Sie selbst.

5.1 Verbündete suchen – Sie sind nicht allein

Negative Glaubenssätze, Barrieren und falsche Ansätze haben wir ja bereits hinter uns gelassen. Gott sei Dank scheinen derartige Glaubenssätze und vorgeschobene Gründe für ein Nichtstun im Gesundheitswesen weitestgehend überwunden zu sein. Das Thema Nachhaltigkeit erhält große Aufmerksamkeit.

Für die Bewältigung der globalen Herausforderungen braucht es Erzählungen von Gemeinschaft und Austausch. Hiervon gibt es im Gesundheitswesen viele, denn wie es einer unserer Gesprächspartner kürzlich so schön formulierte: »Wir sind alle Suchende auf dem Weg«.

Verbündete in anderen Unternehmen suchen

Es ist gut zu sehen, dass beim Thema Nachhaltigkeit der Konkurrenzgedanke zwischen den Unternehmen unserer Branche wenig vorherrschend zu sein scheint. Allen ist bewusst, dass das Thema größer ist als wir selbst und größer als die Unternehmen, für die wir arbeiten. Wir müssen gemeinsam denken, statt gegeneinander anzutreten.

Für viele Unternehmen des Gesundheitswesens ist die Beschäftigung mit Nachhaltigkeit vielleicht nicht unbedingt neu, jedoch strukturierter und intensiver als zuvor. Wir vernetzen uns zunehmend mit den Nachhaltigkeitsbeauftragten, -referent:innen, -manager:innen etc. von anderen Unternehmen in unserer Branche und stellen fest, dass der Austausch stets offen, transparent und von gegenseitigem Interesse an den Nachhaltigkeitsaktivitäten des anderen geprägt ist. Dabei unterscheiden sich der Ansatz, der Fokus und die Vorgehensweise stets etwas voneinander, zeigen aber auch Parallelen.

Der Austausch mit Unternehmen unserer Branche gibt uns Selbstvertrauen und Bestätigung. Er zeigt uns, dass wir mit unseren Nachhaltigkeitsaktivitäten auf dem für uns passenden Weg sind. Gleichzeitig kann der Austausch mit Unternehmen anderer Branchen ebenfalls sehr bereichernd sein. Diese sind in Bezug auf Nachhaltigkeit häufig weiter. Bedingt durch Gesetze und Regularien, denen bislang insbesondere Banken, Versicherungsunternehmen oder kapitalmarktorientierte Großunternehmen unterlagen, sind diese seit einigen Jahren angehalten, sich intensiv mit Nachhaltigkeit zu beschäftigen. Der Vorsprung, den die Genannten vor den Unternehmen des Gesundheitswesens insbesondere in der Erhebung von nichtfinanziellen Kennzahlen haben, ist groß. Der Austausch zeigt uns zum einen den langen Weg auf, den wir noch vor uns haben, und zum anderen bietet er uns Vorlagen, wie zum Beispiel eine Erhebung von nichtfinanziellen Kennzahlen technisch und organisatorisch aufgesetzt werden kann.

> Tipp: Informieren Sie sich bei Unternehmen Ihrer Branche oder anderen Ihnen verbundenen Unternehmen über deren Nachhaltigkeitsaktivitäten. Startschwierigkeiten? Kommen Sie zu einem bestimmten Aspekt nicht weiter? Vielleicht helfen Ihnen Schilderungen, wie es andere gemacht haben, weiter. Auch wir stehen für ein Gespräch gerne zur Verfügung.

Verbündete in übergeordneten Organisationen und Verbänden suchen

AGAPLESION ist ein diakonisches Unternehmen und in diesem Zusammenhang eng der Diakonie Deutschland verbunden. Die Diakonie ist der soziale Dienst der evangelischen Kirchen in Deutschland mit Sitz in Berlin. Die Diakonie Deutschland macht sich für Nachhaltigkeit stark und vernetzt ihre Mitglieder zu diesem Thema. Sie bietet Informationsangebote und Austausche an und konzipiert Tagungen, Letztere auch häufig in enger Zusammenarbeit mit dem VdDD, dem Verband diakonischer Dienstgeber in Deutschland. Die Teilnahme an Vernetzungsangeboten wie diesen kann den Einstieg in manches Themenfeld der Nachhaltigkeit erleichtern und auch dazu dienen, gemeinsame Positionen zu formulieren, die im Rahmen von Lobbyarbeit eingesetzt werden können.

Tipp: Schauen Sie sich um, ob übergeordnete Organisationen und Verbände, in denen Ihr Unternehmen Mitglied ist, Vernetzungsmöglichkeiten anbieten. Nutzen Sie diese Angebote, um Ansatzpunkte zur Nachhaltigkeit zu identifizieren, aber auch um Positionen, die Ihnen wichtig sind, zu platzieren.

Inhaltlich deutlich operativer ausgerichtet war eine Teilnahme an KLIK green (KLIK green 2022: Projektbeschreibung). Das Projekt wurde im Zeitraum zwischen Mai 2019 und April 2022 im Rahmen der Nationalen Klimaschutzinitiative des Bundesumweltministeriums gefördert und erfolgreich abgeschlossen. Das Ziel von KLIK green bestand darin, innerhalb der Projektlaufzeit mindestens 100.000 Tonnen CO_2-Äquivalente zu vermeiden. Bundesweit engagierten sich 250 Krankenhäuser und Reha-Kliniken mit über 1.600 Klimaschutzmaßnahmen. Hierfür wurden die Teilnehmer:innen zu Klimamanager:innen qualifiziert, um konkrete Klimaschutzziele für ihre Einrichtungen festzulegen, Maßnahmen zu planen und umzusetzen. Im Herbst 2022 wurde das Folgeprojekt KLIK green+ gestartet.

Tipp: Informieren Sie sich über bundesweite, bundeslandspezifische oder lokale Angebote, die Sie dabei unterstützen, konkrete Maßnahmen im operativen Betrieb umzusetzen. Nachhaltigkeit kann nicht allein durch Ihre Konzernzentrale, sofern Sie eine haben, vorangetrieben werden. Es braucht die Initiative, die Ideen und die Umsetzung der Mitarbeiter:innen vor Ort in den Einrichtungen.

Verbündete in Dienstleistern und Lieferanten suchen

Eine nachhaltige Unternehmensführung beginnt mit der Verankerung von Nachhaltigkeit in der Unternehmenskultur und -strategie. Die Strategie wiederum wird in Ziele und Maßnahmen überführt (▶ Kap. 3.2). Hierbei gibt es viele Fragen zu beantworten: Welche Strategie passt zu unserem Unternehmen? Wie ambitioniert sollten unsere Ziele sein? Welche Organisationsstruktur benötigen wir für die Entwicklung und Umsetzung von Maßnahmen?

Ist diese Top-down, Bottom-up oder eine Kombination aus beiden Ansätzen? Und wie messen wir eigentlich unsere Zielerreichung?

Es gibt viele Nachhaltigkeitsberatungen, die die Unternehmen bei der Beantwortung dieser Fragen unterstützen können. Auch wir arbeiten mit einer Nachhaltigkeitsberatung zusammen. Allerdings ist es unser Anspruch an uns selbst, konzernintern Expertise aufzubauen und mittelfristig das Thema allumfassend allein bearbeiten zu können (▶ Kap. 3.5) Aus diesem Grund haben wir mit der Nachhaltigkeitsberatung einen Coaching-Ansatz vereinbart. In zunächst drei Workshops wurde uns Basiswissen für die Implementierung eines Nachhaltigkeitsmanagements in unserem Unternehmen vermittelt. Deutlich komplexer wird es noch werden, wenn wir uns an die Erstellung von Kennzahlen wagen. Auch hierfür benötigen wir externe Unterstützung, aber dazu später mehr.

> Tipp: Sie haben intern keine Expertise zur Nachhaltigkeit und möchten hierfür auch (noch) nicht extra eine:n Mitarbeiter:in einstellen? Die Zusammenarbeit mit einer Nachhaltigkeitsberatung kann Ihnen helfen, sich zu orientieren. Je nach Ihrer persönlichen Vorstellung und je nach verfügbaren Ressourcen und Expertise kann die Zusammenarbeit mit einer Nachhaltigkeitsberatung mehr oder weniger intensiv ausgestaltet werden.

Erfinder:innen und Entwickler:innen von neuen, nachhaltigeren Lösungen gesucht! Medikamentendispenser aus Bagasse, einem Abfallprodukt aus der Zuckerproduktion, anstelle von Kunststoff. Die Schaffung eines Kreislaufes für Einmalprodukte im OP. Klasse Ideen. So macht Nachhaltigkeit Spaß. Melden Sie sich bei uns, wenn Sie zu diesen Erfinder:innen und Entwickler:innen gehören.

Zeitgleich macht es Sinn, mit bestehenden Lieferanten und Herstellern ins Gespräch zu kommen und gemeinsame Lösungen für eine nachhaltigere Zusammenarbeit zu entwickeln.

> Tipp: Gehen Sie mit Ihren Geschäftspartnern ins Gespräch. Welche nachhaltigeren Lösungen bieten diese vielleicht bereits an oder befinden sich in der Entwicklung? Halten Sie Ihre Augen offen nach Erfindern und Entwicklern von neuen, nachhaltigeren Lösungen.

5.2 Regulatorik bedeutet Startschwierigkeiten

Nachhaltigkeit ist komplex, wie Sie bereits erfahren haben, und für Unternehmen ein anspruchsvolles Unterfangen. Daher möchten wir Ihnen in den nächsten beiden Unterkapiteln Normen und Leitlinien, die Ihnen bei der Implementierung hilfreich sein können, sowie unsere Herangehensweise näherbringen.

5.2.1 Dschungel an Normen und Leitlinien

Wenn man beginnt, sich mit Nachhaltigkeit zu beschäftigen, dann stößt man rasch auf eine Vielzahl von Initiativen, Prinzipien, Normen, Leitlinien und Standards. Im Verlauf der Jahre hat sich ein breites Spektrum herausgebildet. Während es das Ziel vieler dieser Dokumente ist, den Unternehmen Orientierung zu bieten, waren wir in Anbetracht der Fülle von Informationen erst einmal orientierungslos. Ein bisschen wie im Dschungel (▶ Abb. 23).

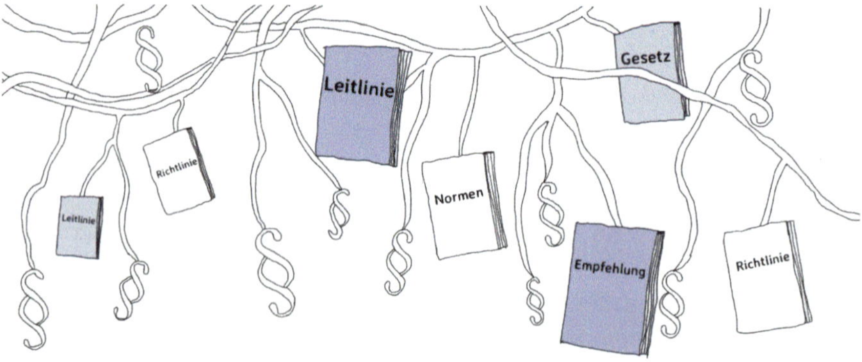

Abb. 23: Im Paragrafendschungel

Zu unterscheiden sind zwischenstaatlich initiierte, national formulierte oder durch zivilgesellschaftliches oder unternehmerisches Engagement entstandene Dokumente. Diese haben oftmals verschiedene Themenschwerpunkte. Wir haben eine Zeit lang gebraucht, um zu verstehen, dass es in diesem zunächst undurchsichtigen Dschungel helfen kann, die Initiativen und Dokumente in drei Kategorien einzuteilen: Prinzipien & Zielbilder, Normen, Leitlinien & Hilfestellungen zur Integration von Nachhaltigkeit in den Unternehmenskontext sowie Standards für die Berichterstattung. Diese drei Kategorien lassen sich jedoch nicht klar voneinander trennen und es kann zu inhaltlichen Überschneidungen kommen. Im Folgenden werden die wichtigsten und bekanntesten Initiativen und Dokumente vorgestellt.

Prinzipien & Zielbilder

Bei den Prinzipien und Zielbildern handelt es sich nicht um zertifizierbare Standards oder Regulierungsinstrumente, sondern um einen Kompass für die Bewältigung der Herausforderungen des 21. Jahrhunderts. Sie ermöglichen es, Risiken und Potenziale zu identifizieren, die durch eine nachhaltige Unternehmensführung angegangen werden können. Sie setzen an Krisen an und zeigen nachhaltige Wege zu ihrer Prävention und Überwindung auf.

Sustainable Development Goals (SDGs)

Die SDGs prägen im Rahmen der Agenda 2030 der Vereinten Nationen seit 2015 die Nachhaltigkeitsdebatte und bieten ein globales Zielsystem für die gemeinsame Bewältigung der Herausforderungen des 21. Jahrhunderts. Die Agenda 2030 umfasst 17 SDGs. Diese verknüpfen das Prinzip der Nachhaltigkeit mit der weltweiten ökonomischen, ökologischen und sozialen Entwicklung. Aufgrund des bisher langsamen Fortschritts bei dem Verfolgen der Ziele hat der Generalsekretär der Vereinten Nationen António Guterres Anfang 2020 zur »Decade of Action« aufgerufen und den Global Compact der Vereinten Nationen mandatiert, die Wirtschaft zu mobilisieren (UN Global Compact Netzwerk Deutschland 2022: Sustainable Development Goals) (▶ Abb. 24).

Global Compact der Vereinten Nationen

Der Global Compact der Vereinten Nationen ist die weltweit größte und wichtigste Initiative für nachhaltige und verantwortungsvolle Unternehmensführung. Über 20.000 Unternehmen und Organisationen weltweit haben den Global Compact bereits unterzeichnet und sich damit verpflichtet, zur Umsetzung der SDGs beizutragen und Nachhaltigkeit auf Basis von zehn universellen Prinzipien strategisch zu verankern. Im UN Global Compact Netzwerk Deutschland versammeln sich über 950 deutsche Unternehmen und Organisationen und werden mit einem breiten Angebot an Lern- und Dialogformaten bei der Nachhaltigkeitsverankerung unterstützt (UN Global

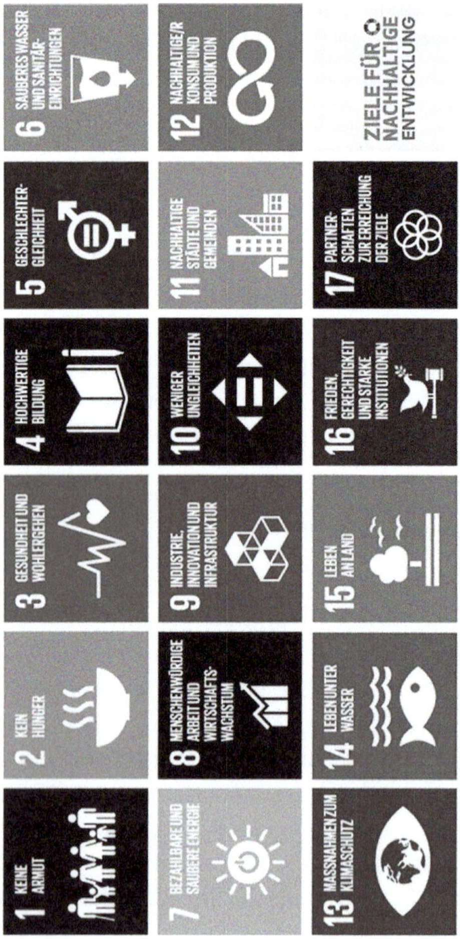

Abb. 24: SDGs (© Vereinte Nationen, Bundesregierung, www.bmuv.de/WS3548)

Compact Netzwerk Deutschland 2022: Initiative für nachhaltige und verantwortungsvolle Unternehmensführung) (▶ Abb. 25).

Normen, Leitlinien & Hilfestellungen zur Integration von Nachhaltigkeit in den Unternehmenskontext

Anders als die Prinzipien und Zielbilder sind die im Folgenden aufgeführten Themen zertifizierbare Standards und Managementsysteme. Sie geben Ihnen eine konkrete Anleitung an die Hand, mit der Sie ein Nachhaltigkeits- oder Klimamanagement bei sich im Unternehmen umsetzen können.

Prinzipien

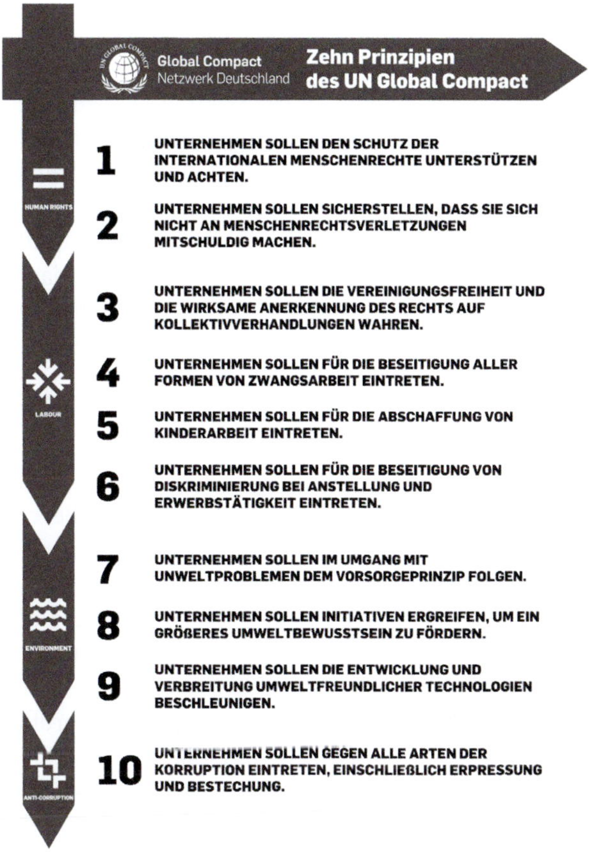

Abb. 25: Zehn Prinzipien (© UN Global Compact 2022)

ISO 14001

Die Internationale Organisation für Normung entwickelt und veröffentlicht internationale Normen für alle denkbaren Bereiche – ausgenommen den Bereich der Elektrik und Elektronik. Im Bereich Umweltmanagement ist insbesondere die 14000er-Reihe von Bedeutung. Die ISO 14001 ist in dieser Reihe die international bedeutendste Norm. Sie legt die Kriterien für ein Umweltmanagementsystem fest und kann zertifiziert werden. Nach ISO 14001 sind mehr als 300.000 Organisationen in 171 Ländern zertifiziert. Nachhaltigkeit geht jedoch über den Aspekt der Umwelt hinaus und verlangt ein umfassendes

Engagement der Organisationen (ISO Standards 2022: ISO 14001 and related standards).

ISO 26000

Die ISO 26000 verfolgt gegenüber der ISO 14001 einen ganzheitlicheren Ansatz. Sie legt die Kriterien für ein Nachhaltigkeitsmanagementsystem fest. Die ISO 26000 unterstützt Organisationen dabei, zu einer nachhaltigen Entwicklung beizutragen. Sie wurde in Übereinstimmung mit bestehenden internationalen Prinzipien, wie z.B. denen des Global Compacts, entwickelt. Die ISO 26000 bietet denjenigen eine Orientierungshilfe, die erkennen, dass der Respekt für Gesellschaft und Umwelt – neben der Wirtschaftlichkeit – ein entscheidender Erfolgsfaktor ist. Sie ist keine zertifizierbare Managementnorm, die Anwendung ist freiwillig (ISO Standards 2022: ISO 26000:2010).

Eco-Management and Audit Scheme (EMAS)

Neben der Zertifizierung nach ISO 14001 hat sich im Bereich des Umweltmanagements auf europäischer Ebene die Validierung nach EMAS etabliert. EMAS wurde von der Europäischen Union entwickelt und gilt als das anspruchsvollste und umfassendste System für nachhaltiges betriebliches Umweltmanagement. Der Aufbau des Umweltmanagementsystems bei EMAS entspricht der ISO 14001, geht jedoch über ein reines Managementsystem hinaus (EMAS 2022). Das Instrument sieht die jährliche Veröffentlichung einer Umwelterklärung vor. In dieser berichtet die Organisation über ihre umweltrelevanten Tätigkeiten und veröffentlicht zugehörige Kennzahlen. Im Juni 2022 sind etwa 4.000 Organisationen europaweit mit dem EMAS-Siegel ausgezeichnet und im offiziellen EMAS-Register der Europäischen Union verzeichnet (European Commission 2022).

EMASplus

EMASplus erweitert das Umweltmanagement der EMAS-Zertifizierung um die soziale und ökonomische Dimension zu einem integrierten und ganzheitlichen Nachhaltigkeitsmanagementsystem (EMASplus 2022). Dabei werden die Themenfelder der ISO 26000 abgedeckt. EMASplus setzt die Teilnahme an EMAS verpflichtend voraus.

Standards für die Berichterstattung

Zuletzt gehen wir auf das Thema Berichterstattung ein. Die hier aufgeführten Standards bieten Richt- und Leitlinien für die Erstellung von Nachhaltigkeitsberichten.

Global Reporting Initiative (GRI)

Die GRI ist ein internationaler, umfassender Standard für die Erstellung von Nachhaltigkeitsberichten. Das Ziel der Veröffentlichung eines Nachhaltigkeitsberichts ist es, Transparenz über die Nachhaltigkeitsaktivitäten einer Organisation zu schaffen. Die GRI bietet hierfür einen standardisierten Rahmen, der die Vergleichbarkeit der nach diesem Berichtsstandard erstellten Nachhaltigkeitsberichte ermöglicht und einen definierten Qualitätsanspruch an diese stellt. Die GRI gibt Berichtselemente sowohl in qualitativer als auch in quantitativer Form vor und findet bei der Nachhaltigkeitsberichterstattung am häufigsten Anwendung (GRI 2022).

European Federation of Financial Analysts Societies (EFFAS)

Die EFFAS ist ein europaweiter Zusammenschluss von Finanzanalysten. Der Zusammenschluss entwickelt Standards für die nicht-finanzielle Berichterstattung. Gemeinsam mit der Deutschen Vereinigung für Finanzanalyse und Asset Management (DVFA) veröffentlichte die EFFAS europaweit gültige Leistungsindikatoren zur Nachhaltigkeit (Aachener Stiftung 2015).

Sustainability Accounting Standards Board (SABS)

Die SABS-Standards sind ein Leitfaden für die Offenlegung von finanziell wesentlichen Nachhaltigkeitsinformationen. Die SABS-Standards wurden für 77 Branchen formuliert und richten sich inhaltlich nach den für die jeweilige Branche spezifischen Nachhaltigkeitsrisiken und -chancen. Auch für das Gesundheitswesen wurden SABS-Standards erarbeitet (SABS STANDARDS 2022).

Deutscher Nachhaltigkeitskodex (DNK)

Der DNK wurde vom deutschen Rat für Nachhaltige Entwicklung beschlossen und setzt einen Rahmen für die Berichterstattung über Nachhaltigkeitsaspekte und deren Management. Anwender des DNK erstellen einen Bericht über 20 Kriterien. Zudem wird zu ausgewählten Leistungsindikatoren des GRI und/oder der EFFAS berichtet (Rat für Nachhaltige Entwicklung 2020). Der DNK findet auch über die deutschen Grenzen hinweg Anwendung.

Corporate Sustainability Reporting Directive (CSRD)

Die CSRD ist eine neue Richtlinie der Europäischen Union zur Nachhaltigkeitsberichterstattung. Die EU-Mitgesetzgeber haben im Juni 2022 eine vorläufige politische Einigung zu dieser erzielt. Die Verabschiedung durch das Europäische Parlament steht zum Zeitpunkt des Verfassens dieses Textes noch aus. Das Ziel der neuen Richtlinie ist es unter anderem, die zuvor genannten Standards zu einem weitreichend geltenden Berichtsstandard zu vereinen und die Pflicht einer Berichtserstattung auf eine größere Anzahl an Unternehmen zu erweitern.

> Wir hoffen, Ihnen jetzt ein bisschen Orientierung und einen Weg durch den Dschungel gezeigt zu haben. Überlegen Sie sich, welche globalen Ziele Ihre Organisation unterstützen kann und an welchen Normen, Standards und Hilfestellungen Sie sich bei der Etablierung eines Nachhaltigkeitsmanagements in Ihrer Organisation orientieren möchten.

5.2.2 Pflicht und Kür

Wir haben uns, wie schon mehrmals geschrieben, dafür entschieden, ein umfassendes Nachhaltigkeitsmanagement einzuführen. Damit Nachhaltigkeit ein fester Bestandteil in den unternehmensinternen Prozessen und Entscheidungen wird, sind verschiedene Punkte und Themen zu betrachten und auszuarbeiten. In Abbildung 26 sind die einzelnen Punkte als Übersicht dargestellt (▸ Abb. 26); im Kapitel 3 (Nachhaltigkeitsmanagement Teil 1) sind wir schon auf einen Teil vertieft eingegangen (▸ Kap. 3).

Beim Aufbau unseres Nachhaltigkeitsmanagements haben wir die Entscheidung getroffen, uns an der ISO 26000 zu orientieren. Unseres Erachtens gibt es bei der Wahl der Normen, Standards und Hilfestellungen kein Richtig oder Falsch. Die Gründe für unsere Entscheidung sind, dass die ISO 26000 zum einen die drei Dimensionen der Nachhaltigkeit abdeckt und zum anderen eine konkrete Hilfestellung bietet, als Unternehmen nachhaltiger zu agieren. Die ISO 26000 deckt alle in der Abbildung genannten Punkte eines umfassenden, in das Unternehmen integrierten Nachhaltigkeitsmanagements inhaltlich ab.

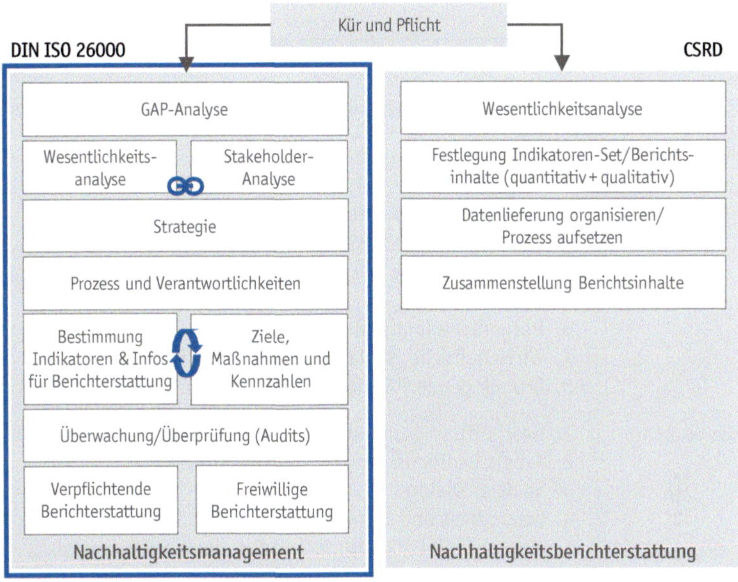

Abb. 26: Nachhaltigkeitsmanagement und Nachhaltigkeitsberichterstattung

Vertiefung der DIN ISO 26000

Entsprechend der DIN ISO 26000 sollte sich eine Organisation mit sieben Kernthemen auseinandersetzen (Bundesministerium für Umwelt, Naturschutz, nukleare Sicherheit und Verbraucherschutz 2014: Gesellschaftliche Verantwortung von Unternehmen):

1. Organisationsführung
2. Menschenrechte
3. Arbeitspraktiken
4. Umwelt
5. Faire Betriebs- und Geschäftspraktiken
6. Konsumentenanliegen
7. Einbindung und Entwicklung der Gemeinschaft

Jedes Kernthema beinhaltet spezifische Handlungsfelder. Tabelle 3 zeigt die sieben Kernthemen der DIN ISO 26000 und die zugehörigen Handlungsfelder. Jedes Handlungsfeld wiederum beinhaltet eine Reihe von Maßnahmen, die eine Organisation ergreifen sollte (▸ Tab. 3).

Tab. 3: Übersicht DIN ISO 26000

Kernthema	**Handlungsfelder**
»Zentrales« Kernthema: Organisationsführung	
Menschenrechte	1. Gebührende Sorgfalt 2. Menschenrechte in kritischen Situationen 3. Vermeidung von Mittäterschaft 4. Beseitigung von Missständen 5. Vermeidung von Diskriminierung und Umgang mit schutzbedürftigen Gruppen 6. Bürgerliche und politische Rechte 7. Wirtschaftliche, soziale und kulturelle Rechte 8. Grundlegende Prinzipien und Rechte bei der Arbeit
Arbeitspraktiken	1. Beschäftigung und allgemeine Arbeitspraktiken 2. Arbeitsbedingungen und sozialer Schutz 3. Sozialer Dialog 4. Gesundheit und Sicherheit am Arbeitsplatz 5. Menschliche Entwicklung und Schulung am Arbeitsplatz
Umwelt	1. Vermeidung der Umweltbelastung 2. Nachhaltige Nutzung von Ressourcen 3. Abschwächung des Klimawandels und Anpassung 4. Umweltschutz, Artenvielfalt und Wiederherstellung natürlicher Lebensräume
Faire Betriebs- & Geschäftspraktiken	1. Korruptionsbekämpfung 2. Verantwortungsbewusste politische Mitwirkung 3. Fairer Wettbewerb 4. Förderung gesellschaftlicher Verantwortung in der Wertschöpfungskette 5. Eigentumsrechte achten
Konsumentenanliegen	1. Faire Werbe-, Vertriebs- und Vertragspraktiken 2. Schutz der Gesundheit und Sicherheit der Konsumenten 3. Nachhaltiger Konsum 4. Kundendienst/Beschwerdemanagement/Schlichtungsverfahren 5. Schutz/Vertraulichkeit von Kundendaten 6. Sicherung Grundversorgung 7. Verbraucherbildung und Sensibilisierung
Einbindung & Entwicklung der Gemeinschaft	1. Einbindung der Gemeinschaft 2. Bildung und Kultur 3. Schaffung von Arbeitsplätzen und berufliche Qualifizierung 4. Entwicklung von Technologien und Gewährleistung des Zugangs 5. Schaffung von Wohlstand und Einkommen 6. Gesundheit 7. Investition zugunsten des Gemeinwohls

Jedes Kernthema, jedoch nicht zwangsläufig jedes Handlungsfeld, hat für jede Organisation eine gewisse Relevanz. Wie die Relevanz für eine Organisation bestimmt werden kann bzw. wie wir dies für AGAPLESION gemacht haben, beschreiben wir in den nachfolgenden Kapiteln.

Für die Erstellung eines Nachhaltigkeitsberichts können nationale, internationale oder europäische Rahmenwerke genutzt werden (▶ 5.2.1). Bislang waren die gesetzlichen Verpflichtungen für Unternehmen für die Erstellung eines Nachhaltigkeitsberichts überschaubar. Diese betrafen häufig nur Banken, Versicherungsunternehmen und kapitalmarktorientierte Großunternehmen. Einige Unternehmen erstellten ihre Nachhaltigkeitsberichte auf freiwilliger Basis.

Im April 2021 wurde von der Europäischen Kommission der Entwurf zu einer »Corporate Sustainability Reporting Directive« (CSRD) vorgelegt. Nach dieser wird die Anzahl der Unternehmen erweitert, die verpflichtend einen Nachhaltigkeitsbericht erstellen müssen. Die Berichtspflicht in Deutschland soll auf 15.000 statt bisher 500 Unternehmen erweitert werden. Wir erwarten, dass auch AGAPLESION in den Anwendungsbereich der CSRD fallen wird und wir in Zukunft – erstmalig im Jahr 2026 – einen jährlichen Nachhaltigkeitsbericht veröffentlichen werden müssen.

AGAPLESION war bislang nicht verpflichtet, einen Nachhaltigkeitsbericht zu verfassen. Auch auf freiwilliger Basis haben wir bislang keinen Bericht erstellt. Da die CSRD erst im Entwurfsstadium ist, befinden sich einige ihrer Inhalte noch in der Entwicklung und in ihrer konkreten Ausgestaltung. Für Unternehmen gehen damit viele Unsicherheiten einher. Alle, mit denen wir gesprochen haben und sprechen, tasten sich sukzessive an das Thema heran. Wir haben uns entschieden, nicht zu warten, bis die CSRD in ihrer finalen Fassung vorliegt, sondern bereits jetzt mit den Vorbereitungen zu beginnen.

Die erstmalige Berichtserstattung im Jahr 2026 gibt uns Zeit zur Vorbereitung auf die kommenden Anforderungen. Ein Nachhaltigkeitsbericht lässt sich nicht von heute auf morgen aus dem Ärmel schütteln (▶ Kap. 5.5). Die Nachhaltigkeitsberichtserstattung umfasst grob die in der Abbildung 26 dargestellten Punkte (▶ Abb. 26).

Vertiefung der Corporate Sustainability Reporting Directive

Der CSRD-Norm unterliegen alle großen Unternehmen, unabhängig von einer Kapitalmarktorientierung, die mindestens zwei der folgenden drei Kriterien erfüllen:

1. mehr als 250 Mitarbeiter:innen im Jahresdurchschnitt und/oder
2. eine Bilanzsumme von über 20 Millionen Euro und/oder
3. ein Umsatz von über 40 Millionen Euro.

Darüber hinaus fallen alle kapitalmarktorientierten kleinen und mittleren Unternehmen, mit der Ausnahme von Kleinstunternehmen, unter die CSRD.

Die zentralen Inhalte der CSRD sind:

a. einen einheitlichen europäischen Berichtsstandard zu schaffen. Das Ziel ist es, die Nachhaltigkeitsberichte der Unternehmen vergleichbar zu machen. Dabei soll sich der Berichtsstandard an den bisherigen etablierten Standards orientieren und in einem zweiten Schritt branchenspezifisch erweitert werden.
b. die Berichtsinhalte auszuweiten. Die von den Unternehmen geforderten Inhalte sollen ausgeweitet und präzisiert werden.
c. eine doppelte Wesentlichkeitsanalyse zu verankern (▶ Kap. 5.3.2).
d. eine Prüfpflicht für den Nachhaltigkeitsbericht durch einen externen Wirtschaftsprüfer einzuführen. Die Prüfung soll zunächst mit begrenzter Sicherheit (limited assurance) erfolgen und perspektivisch auf eine hinreichende Sicherheit (reasonable assurance) erweitert werden.

Der Europäische Rat und das Europäische Parlament sehen für die Einführung der CSRD ein Stufenmodell vor:

a. am 1. Januar 2024 für Unternehmen, die bereits der Nonfinancial Reporting Directive (NFRD) der EU unterliegen (erste Berichtserstattung 2025). Die NFRD, die seit dem Jahr 2018 in Kraft ist, sah bislang eine Berichtspflicht für börsennotierte Unternehmen, Banken und Versicherungen mit mehr als 500 Mitarbeiter:innen im Jahresdurchschnitt vor. Deutschland hat die NFRD mit dem CSR-Richtlinie-Umsetzungsgesetz (CSR-RUG) in nationales Recht umgesetzt.
b. am 1. Januar 2025 für große Unternehmen, die derzeit nicht der NFRD unterliegen (erste Berichtserstattung 2026).
c. am 1. Januar 2026 für alle kapitalmarktorientierten kleinen und mittleren Unternehmen, mit der Ausnahme von Kleinstunternehmen (erste Berichtserstattung 2027). Für diese Unternehmen besteht die Möglichkeit, eine sogenannte Opt-out-Regelung in Anspruch zu nehmen, sodass die Richtlinie erst im Jahr 2028 zum Tragen kommt.

Nach ihrer Verabschiedung auf der europäischen Ebene bedarf die CSRD noch ihrer nationalen Ratifizierung, damit diese für deutsche Unternehmen wirksam wird.

Mit der CSRD wird auch der Anwendungsbereich der sogenannten EU-Taxonomie erweitert. Die EU-Taxonomie ist ein zentraler Bestandteil des Aktionsplans der Europäischen Union für ein nachhaltiges Finanzwesen. Ziel dieses Aktionsplans ist es, dass die Finanzströme in der Europäischen Union in ökologisch nachhaltigere Aktivitäten geleitet werden. Die Unternehmen, die unter die CSRD und damit auch unter die EU-Taxonomie fallen, sind angehalten, ihre Geschäftsaktivitäten anhand eines einheitlichen Klassifikationssystems einzuordnen. Die Aktivitäten, die nach diesem Klassifikationsschema als taxonomiekonform bzw. als ökologisch nachhaltig bewertet werden, sollen dann anteilig an den Kennzahlen Umsatzerlöse, Investitionsausgaben und Betriebsausgaben ausgewiesen und veröffentlicht werden. In Ergänzung zu der EU-Taxonomie wird aktuell eine Sozial-Taxonomie durch die Europäische Union erarbeitet.

Wir bei AGAPLESION sehen die Erstellung eines Nachhaltigkeitsberichts als Pflicht, die Einführung eines Nachhaltigkeitsmanagements hingegen als Kür an. Als christliches Unternehmen sind wir allein schon durch unser Verständnis und die Verantwortung für Gottes Schöpfung intrinsisch motiviert, uns mit Nachhaltigkeit auseinanderzusetzen. Aber wir nehmen auch außerhalb unseres Unternehmens eine hohe Motivation im Gesundheitswesen wahr. Gleichzeitig deckt sich die Kür des Aufbaus eines Nachhaltigkeitsmanagements inhaltlich zum Teil mit den Themenfeldern einer verpflichtenden Berichterstattung. Daher konzentrieren wir uns auf den Aufbau eines Nachhaltigkeitsmanagements und versuchen parallel, die Notwendigkeiten aus den gesetzlichen Anforderungen zu erfüllen.

5.3 Bestimmung der relevanten Nachhaltigkeitsthemen

Jetzt, liebe Leserinnen und Leser, kommen wir zu einem ganz wichtigen Punkt beim Aufbau eines Nachhaltigkeitsmanagements, aber auch in Vorbereitung auf eine anstehende Berichterstattung. Gerade für die Nachhaltigkeitsmanager:innen unter Ihnen wird es hier interessant. Wir versuchen, Ihnen ganz praktisch zu beschreiben, wie wir zu unseren Handlungsfeldern und zu unseren relevanten, berichtspflichtigen Nachhaltigkeitsthemen gekommen sind.

5.3.1 Gap-Analyse

Wir starten mit einer Gap-Analyse. Im Rahmen einer Gap-Analyse wird eine Bestandsaufnahme der IST-Situation zum Thema Nachhaltigkeit durchgeführt. Diese ist vor allem für die Unternehmen interessant, die noch am Anfang ihrer nachhaltigen Entwicklung stehen. Nach der Durchführung einer Gap-Analyse wissen Sie genau, an welchen Stellen die nachhaltige Entwicklung Ihres Unternehmens noch Potenzial hat und wo Ihre Ansatzpunkte liegen.

Bei AGAPLESION haben wir uns bei der Gap-Analyse an den Kernthemen und Handlungsfeldern der DIN ISO 26000 orientiert. Wir haben interne Expert:innen, z.B. unseren Leiter Einkauf zu dem Kernthema »Faire Betriebs- und Geschäftspraktiken« oder unseren Leiter Personal zu dem Kernthema »Arbeitspraktiken«, befragt. Mit Hilfe der Ergebnisse der Befragungen konnten wir feststellen, in welchen Kernthemen und Handlungsfeldern wir bereits gut aufgestellt sind und an welchen Punkten wir noch Lücken (englisch: gaps) aufweisen.

Ein Beratungsunternehmen, das uns per Coaching zu dem Thema Nachhaltigkeit unterstützt (▸ Kap. 5.1), hat uns den erforderlichen Fragebogen zur Verfügung gestellt und die Ergebnisse der Gap-Analyse für uns ausgewertet. Während AGAPLESION bei vielen der Kernthemen sehr gut aufgestellt ist, haben wir – und das war wenig überraschend –, in den Kernthemen »Umwelt« und »Organisationsführung« zum Thema Nachhaltigkeit noch Lücken (▸ Tab. 4).

Tab. 4: Auszug Gap-Analyse

1. Ergebnis der Checkliste:	
Auswertung	Erfüllt 77 Zum Teil erfüllt 34 Nicht erfüllt 9 Nicht relevant 8 Beantwortet in % 100 Erfüllt in % 64,2
2. Handlungsempfehlungen:	**Bemerkung**
IV. Umwelt	
Erfassen Sie mindestens jährlich Ihren umweltrelevanten Input (Energie, Wasser, Roh-, Hilfs- und Betriebsstoffe) sowie die jeweiligen Kosten?	0
Erfassen Sie mindestens jährlich Ihren Energiebedarf (differenziert nach Strom, Wärme, Diesel/Benzin) sowie die Energiekosten?	Die Energiemenge, die über Agaplesion an die einzelnen Häuser verkauft wird, ist bekannt.
Werden Maßnahmen zur Reduktion der Ressourcenverbräuche ergriffen?	Best-practice-Maßnahmen zentral erfasst durch Interviews in den verschiedenen Häusern
Werden Maßnahmen zur Verbesserung der Energieeffizienz ergriffen?	0
Nutzen Sie erneuerbare Energien?	Pv teilweise schwierig auf den Dächern Im Einkauf bereits diskutiert, aber aktuell nicht wirtschaftlich, Power Purchase Agreement?
Werden Maßnahmen zur Bewusstseinsbildung im Bereich Umwelt bei den Mitarbeitern durchgeführt?	Teilweise z. B. Nachhaltigkeitsjahr Im kommenden Jahr wieder forcieren
Erfassen Sie mindestens jährlich Ihren umweltrelevanten Output (Abwasser, Abfall, Emissionen) sowie die jeweiligen Kosten?	Nicht konzernweit
Erfassen Sie mindestens jährlich Ihren Ausstoß an Treibhausgasen (CO_2-Äquivalent)?	Klimabilanz muss erst erstellt werden
Werden Maßnahmen zur Vermeidung und Reduktion der Treibhausgasemissionen ergriffen?	0

5.3.2 Wesentlichkeits- und Stakeholderanalyse

Im nächsten Schritt folgt die sogenannte Wesentlichkeits- oder auch Materialitätsanalyse. Diese ist einer der zentralen Inhalte der CSRD (▶ Kap. 5.2.2). Ein Unternehmen identifiziert mit diesem Instrument seine wesentlichen Nachhaltigkeitsthemen, die dann auch im Nachhaltigkeitsbericht offengelegt werden müssen. Dabei sind zwei Perspektiven einzunehmen und zu bewerten:

a. Welche Auswirkung hat die Geschäftstätigkeit des Unternehmens auf die soziale, ökologische und ökonomische Umwelt? Diese Perspektive wird als Inside-out-Perspektive bezeichnet.
   Beispiel: Die Treibhausgasemissionen, die ein Unternehmen emittiert, haben in Form des Klimawandels eine Auswirkung auf dessen ökologische Umwelt.
b. Welche Auswirkung hat die soziale, ökologische und ökonomische Umwelt auf den Geschäftserfolg des Unternehmens? Diese Perspektive wird als Outside-in-Perspektive bezeichnet.
   Beispiel: Der Klimawandel hat auf den Geschäftserfolg eines Unternehmens Auswirkungen, da es Anpassungen an das sich verändernde Klima vornehmen muss (z. B. Hitzeschutz für Bewohner:innen).

Die Kombination dieser beiden Perspektiven wird als doppelte Wesentlichkeits- oder Materialitätsanalyse bezeichnet.

Die Aufgabe, eine Wesentlichkeitsanalyse durchzuführen, klingt erst einmal abstrakt. Es ist nicht einfach, wesentliche von weniger oder nicht wesentlichen Themen abzugrenzen. Hier noch einmal zwei allgemeine Kennzahlen zur Erinnerung:

a. Gesundheitseinrichtungen verursachen etwa 5,2 % der jährlichen Treibhausgasemissionen Deutschlands (ARUP 2019).
b. Der jährliche Energiebedarf pro Krankenhausbett entspricht dem jährlichen Energieverbrauch von circa vier neueren Einfamilienhäusern (Viamedica 2016).

Weshalb ist die Wesentlichkeitsanalyse also so wichtig? Warum kann diese nicht einfach übersprungen werden und Treibhausgase oder Energie als wesentliche Themen festgelegt werden? Schließlich erscheinen diese doch offensichtlich.

Wenn man sich mit dem Thema Nachhaltigkeit zu beschäftigen beginnt, dann stößt man schnell unweigerlich auf die Wesentlichkeitsanalyse und auf deren Zusammenhang zur Nachhaltigkeitsberichterstattung. Die Bestimmung wesentlicher Nachhaltigkeitsaspekte ist bereits durch Standards wie GRI und DNK zum festen Bestandteil der Nachhaltigkeitsberichterstattung geworden. Aber eine Wesentlichkeitsanalyse allein auf der Grundlage von regulatorischen Anforderungen durchzuführen, ist keine ausreichende Begründung für die inhaltlich komplexe und zeitintensive Befassung mit dieser. Sie muss auch einen Nutzen haben. Zumal AGAPLESION (noch) nicht berichtspflichtig ist.

In Gesprächen mit Nachhaltigkeitsexpert:innen wurde uns ausdrücklich empfohlen die Wesentlichkeitsanalyse durchzuführen. Sie hilft dabei, Handlungsfelder und Maßnahmen zu priorisieren.

Während uns die Themen Treibhausgasemissionen oder Energie wie ein »No Brainer« unter dem Kernthema Umwelt erscheinen, umfasst eine ganzheitliche Betrachtung der Nachhaltigkeit weitere Aspekte. In der Wesentlichkeitsanalyse werden auch diese auf den ersten Blick ggf. nicht offensichtlichen Themen berücksichtigt.

> Die Wesentlichkeitsanalyse ist für Unternehmen eine unverzichtbare Methode, die wesentlichen Nachhaltigkeitsthemen und Anspruchsgruppen in Verbindung mit ihren Anforderungen und Erwartungen zu ermitteln (DQS 2021).

Umsetzung der Wesentlichkeitsanalyse bei AGAPLESION

Genau wie bei der Gap-Analyse haben wir uns bei unserer Wesentlichkeitsanalyse an den Kernthemen der DIN ISO 26000 orientiert. Zudem haben wir die uns zu diesem Zeitpunkt bekannten Informationen zur CSRD einbezogen. Unsere Wesentlichkeitsanalyse bestand aus den folgenden Schritten:

Bestimmung der (Key-) Stakeholder

Ein Bestandteil der Wesentlichkeitsanalyse ist es, die Anforderungen und die Erwartungen der Schlüsselgruppen unserer internen und externen Anspruchsgruppen, der sogenannten Key-Stakeholder, zu bestimmen.

Die internen und externen Stakeholder von AGAPLESION sind in Abbildung 27 dargestellt (▸ Abb. 27).

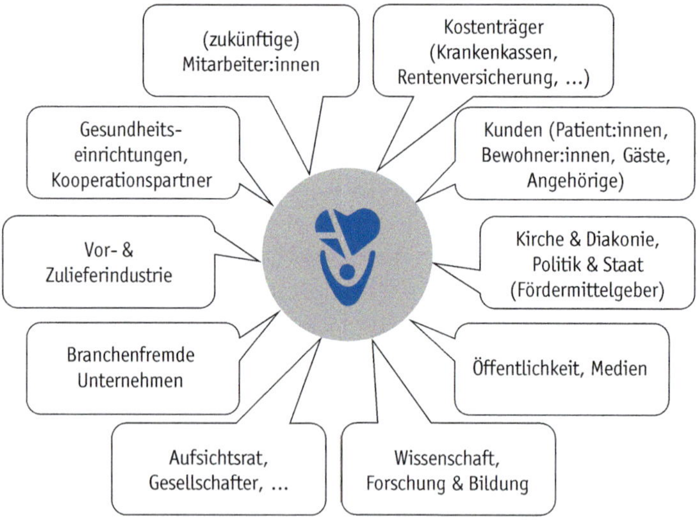

Abb. 27: Stakeholder AGAPLESION

Die Stakeholder wurden anhand von drei Kategorien bewertet:

a. Einfluss auf AGAPLESION (wenig - mittel - hoch),
b. Distanz zu AGAPLESION (fern - mittel - nah) und
c. Haltung/Beziehung zu AGAPLESION (Unterstützer - Neutral - Gegner).

Um als Key-Stakeholder zu gelten, musste ein Stakeholder mindestens zwei der drei folgenden Kriterien erfüllen:

a. Der Einfluss des Stakeholders auf AGAPLESION ist hoch und/oder
b. die Distanz des Stakeholders zu AGAPLESION ist nah und/oder
c. der Stakeholder ist Unterstützer oder Gegner von AGAPLESION.

Die Key-Stakeholder von AGAPLESION sind:

- Mitarbeiter:innen und speziell Führungskräfte
- Kund:innen (Patient:innen, Bewohner:innen und Gäste)
- Aufsichtsrat
- Kostenträger
- Ministerien/Fördermittelgeber

Bestimmung einer Shortlist mit Kernthemen

Eine Shortlist ist eine engere Auswahl an Themen, die durch Kürzen einer umfangreicheren Auswahlliste (Longlist) entstanden ist.

Unsere Longlist der Nachhaltigkeitsthemen bestand aus den sieben Kernthemen und den 36 Handlungsfeldern der DIN ISO 26000 (▶ Tab. 3). Um diese auf eine engere Auswahl zu begrenzen (Shortlist), haben wir sie einer doppelten Wesentlichkeitsanalyse unterzogen. Die doppelte Wesentlichkeitsanalyse wurde durch interne Mitarbeiter:innen durchgeführt und mit dem Vorstand abschließend besprochen.

Inside-out-Perspektive

Die Bewertung der Inside-out-Perspektive erfolgte anhand von drei Dimensionen: Umfang, Reichweite und Abhilfemöglichkeit bzw. Reversibilität.

- Die Dimension des Umfangs befasst sich mit dem Umfang bzw. dem Schweregrad der Auswirkungen der Geschäftstätigkeit von AGAPLESION auf ihre soziale, ökologische und ökonomische Umwelt.
- Die Dimension der Reichweite befasst sich mit der geografischen Reichweite der Auswirkungen der Geschäftstätigkeit von AGAPLESION.
- Die Dimension der Abhilfemöglichkeit bzw. Irreversibilität befasst sich mit der Fragestellung, inwiefern Auswirkungen der Geschäftstätigkeit von AGAPLESION auf ihre Umwelt rückgängig gemacht werden können.

Die drei Dimensionen wurden je Kernthema und Handlungsfeld anhand einer numerischen Skala bewertet. Die Gesamtbewertung eines Kernthemas und Handlungsfelds erfolgte durch die Addition der drei Werte (Umfang + Reichweite + Abhilfemöglichkeit bzw. Irreversibilität). Ein Kernthema und ein Handlungsfeld werden als wesentlich betrachtet, wenn die Summe der drei Werte einen zuvor definierten Grenzwert überschreitet.

Outside-in-Perspektive

Die Bewertung der Outside-in-Perspektive erfolgte anhand von zwei Dimensionen: Eintrittswahrscheinlichkeit und Schadensausmaß.

- Die Dimension der Eintrittswahrscheinlichkeit befasst sich mit der Fragestellung, wie wahrscheinlich der Eintritt eines Schadens auf den Geschäftserfolg von AGAPLESION ist.

- Die Dimension des Schadensausmaßes befasst sich mit der Fragestellung, wie hoch der Schaden für den Geschäftserfolg von AGAPLESION ausfällt.

Die zwei Dimensionen wurden je Kernthema und Handlungsfeld anhand einer numerischen Skala bewertet. Die Gesamtbewertung erfolgte durch die Multiplikation der zwei Werte (Eintrittswahrscheinlichkeit × Schadensausmaß). Ein Kernthema und ein Handlungsfeld werden als wesentlich betrachtet, wenn das Produkt der zwei Werte einen zuvor definierten Grenzwert überschreitet.

Alle Kernthemen und Handlungsfelder, die nach mindestens einer der beiden Perspektiven als wesentlich gelten, wurden in unsere Shortlist aufgenommen. 15 (von 36) Handlungsfeldern wurden herausgearbeitet (▶ Abb. 28).

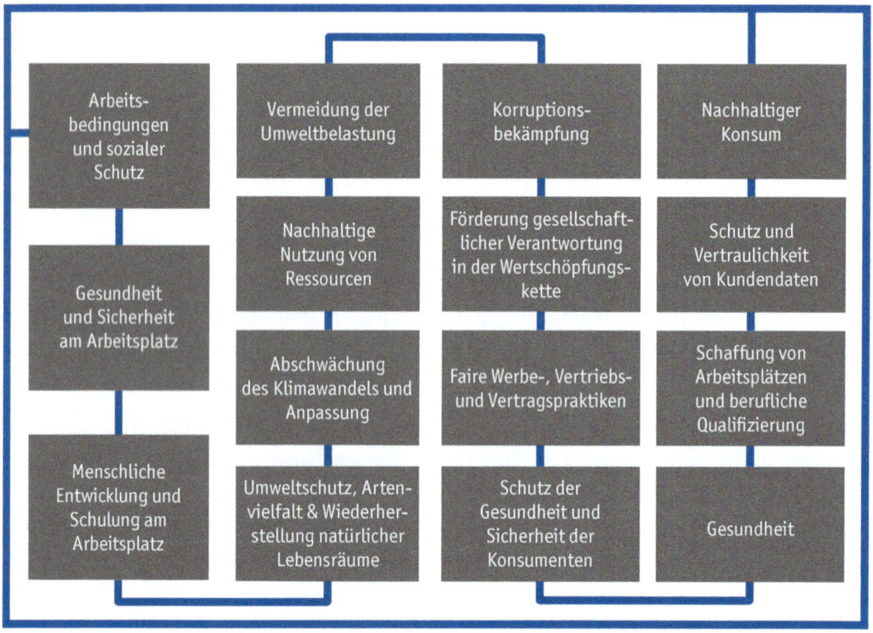

Abb. 28: Shortlist

Befragung der Key-Stakeholder

Im letzten Schritt wurden die Stakeholder zu den herausgearbeiteten Handlungsfeldern der Shortlist befragt. Dafür wurde mit Hilfe eines Online-Befragungstools eine Befragung erstellt:

a. Für die Inside-out-Perspektive wurde die Befragung auf der Webseite von AGAPLESION veröffentlicht. So konnten externe Stakeholder wie Patient:innen, Bewohner:innen, Gäste oder auch Angehörige an der Befragung teilnehmen. Die Stakeholder wurden jedoch nur zu zwei der drei Dimensionen befragt: Umfang und Reichweite. Die Dimension Abhilfemöglichkeit bzw. Irreversibilität wurde weggelassen, da deren Einschätzung aus unserer Sicht kaum leistbar ist.
b. Für die Outside-in-Perspektive wurden interne Stakeholder befragt. Sie haben die Handlungsfelder nach den zwei Dimensionen Eintrittswahrscheinlichkeit und Schadensausmaß beurteilt.

Die nachstehende Matrix stellt das Ergebnis unserer Wesentlichkeitsanalyse dar. Alle Handlungsfelder, die im grauen Bereich der Matrix liegen, gelten als wesentlich. Für eine bessere Übersichtlichkeit haben wir in der Matrix die nicht-wesentlichen Handlungsfelder nicht aufgeführt.

Von den 36 Handlungsfeldern der DIN ISO 26000 konnten wir für uns elf wesentliche herausarbeiten (▸ Abb. 29).

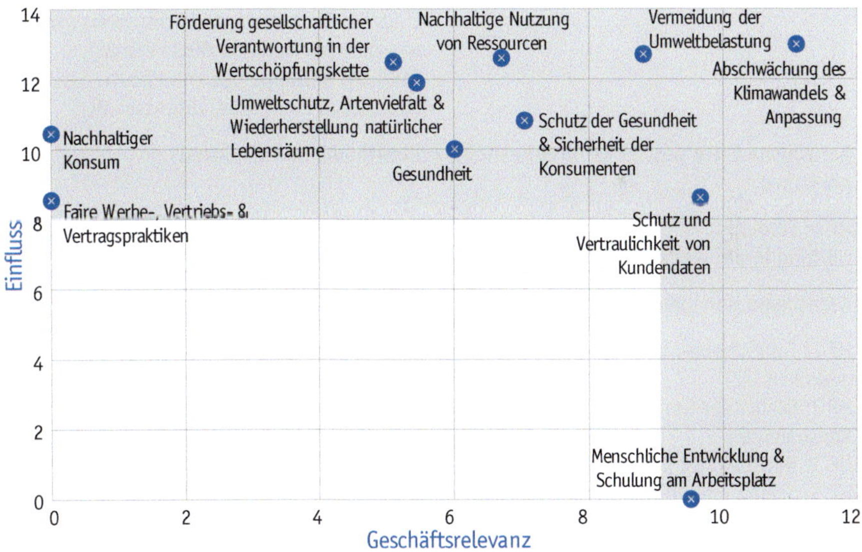

Abb. 29: Darstellung der wesentlichen Themen aus beiden Perspektiven

Nachdem wir unsere Wesentlichkeitsanalyse abgeschlossen hatten, wurden uns konkretere Inhalte der CSRD bekannt. Die CSRD, die den Rahmen der Nachhaltigkeitsberichterstattung schafft, wird durch European Sustainability

Reporting Standards (ESRS) inhaltlich ausgestaltet. Wir haben daher unsere wesentlichen Themen der DIN ISO 26000 schlussendlich noch einmal mit den Inhalten der ESRS abgeglichen. Über diese Inhalte werden wir in Zukunft dann auch berichten müssen (▶ Tab. 5).

Tab. 5: Abgleich DIN ISO 26000 mit CSRD

DIN ISO 26000	CSRD
Kernthema Arbeitspraktiken	**Kernthema Social (Sozial)**
HF[2] 5: Menschliche Entwicklung & Schulung am Arbeitsplatz	ESRS S1: Own Workforce (eigene Belegschaft)
Kernthema Umwelt	**Kernthema Environment (Umwelt)**
HF 1: Vermeidung der Umweltbelastung HF 2: Nachhaltige Nutzung von Ressourcen HF 3: Abschwächung des Klimawandels & Anpassung HF 4: Umweltschutz, Artenvielfalt & Wiederherstellung natürlicher Lebensräume	ESRS E1: Climate Change (Klimaschutz und Klimawandelanpassung) ESRS E2: Pollution (Vermeidung von Verschmutzung) ESRS E3: Water and Marine Resources (Nachhaltige Nutzung von Wasserressourcen) ESRS E4: Biodiversity and ecosystems (Schutz von Ökosystemen und Biodiversität) ESRS E5: Resource Use and Circular Economy (Wandel zu einer Kreislaufwirtschaft)
Kernthema Faire Geschäfts- und Betriebspraktiken	**Kernthema Social (Sozial)**
HF 4: Förderung gesellschaftlicher Verantwortung in der Wertschöpfungskette	ESRS S2: Workers in the value chain (Arbeitnehmer in der Wertschöpfungskette)
Kernthema Konsumentenanliegen	**Kernthema Social (Sozial)**
HF 1: Faire Werbe-, Vertriebs- & Vertragspraktiken HF 2: Schutz der Gesundheit & Sicherheit der Konsumenten HF 3: Nachhaltiger Konsum HF 5: Schutz und Vertraulichkeit von Kundendaten	ESRS S4: Consumers and end-users (Konsumenten und Endnutzer)
Kernthema Einbindung & Entwicklung der Gemeinschaft	**Kernthema Social (Sozial)**
HF 6: Gesundheit	ESRS S3: Affected communities (betroffene Gemeinden)

2 HF = Handlungsfeld

5.3.3 Handlungsfelder

Abschließend haben wir die wesentlichen Handlungsfelder mit den Ergebnissen der Gap-Analyse abgeglichen. Unseren größten Handlungsbedarf sehen wir in den Bereichen, die sowohl wesentlich sind, als auch als Lücke in unserer Gap-Analyse genannt wurden. Im Ergebnis verbleiben fünf wesentliche Handlungsfelder. In den ESRS sind diese folgendermaßen beschrieben:

Abb. 30: Climate Change

ESRS E1: Climate Change (Klimaschutz und Klimawandelanpassung) (▸ Abb. 30)

ESRS E1 thematisiert die Auswirkungen der Unternehmenstätigkeit auf den Klimawandel und die Anstrengungen des Unternehmens, einen Beitrag zur

Erreichung der Ziele des Pariser Klimaabkommens und somit des 1,5-Grad-Ziels zu leisten (▶ Kap. 2.2.3). Hierzu sind die Strategien, Vorhaben und Möglichkeiten des Unternehmens zur Anpassung des Geschäftsmodells niederzulegen. Das Unternehmen ist zum Beispiel zur Offenlegung der Treibhausgas-Emissionen entlang seiner gesamten Wertschöpfungskette verpflichtet. Zudem gibt das Unternehmen eine Einschätzung über die finanziellen Auswirkungen der physischen Risiken wie auch Übergangsrisiken durch den Klimawandel auf die eigene Geschäftstätigkeit ab.

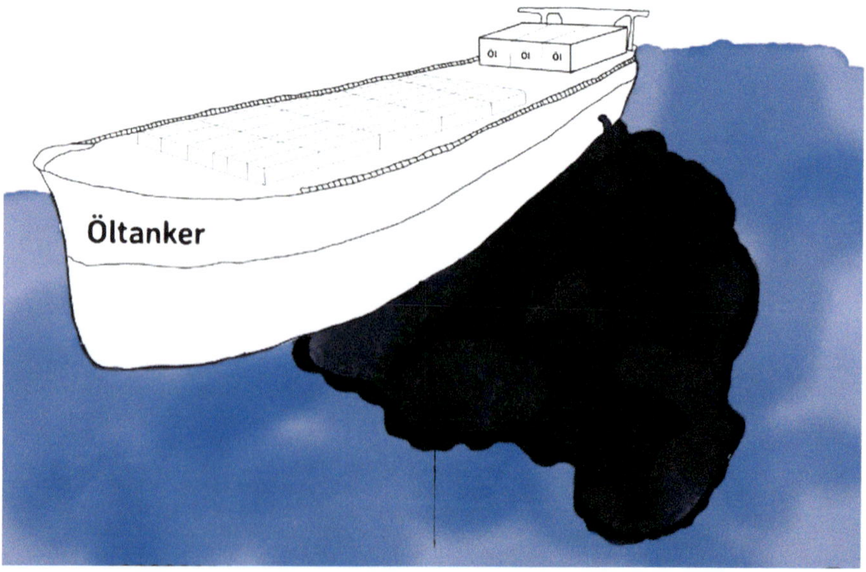

Abb. 31: Pollution

ESRS E2: Pollution (Vermeidung von Verschmutzung) (▶ Abb. 31)

ESRS E2 beleuchtet die Auswirkungen der Unternehmenstätigkeit auf die Verschmutzung von Luft, Wasser, Boden, lebenden Organismen und Nahrungsressourcen. Hierzu hat das Unternehmen Pläne und Maßnahmen offenzulegen, um die Verschmutzung durch besorgniserregende und besonders schädliche Stoffe zu bekämpfen. Besorgniserregend sind insbesondere Stoffe, die eine chronische Wirkung auf den menschlichen Organismus und die Umwelt haben, sowie Stoffe, die in der »Chemicals Strategy for Sustainability« gelistet sind. Besonders schädliche Stoffe umfassen u.a. krebserzeugende, erbgutverändernde oder fortpflanzungsgefährdende wie auch persistente, bioakkumulierbare und toxische Stoffe. Das Unternehmen macht Angaben über die Menge dieser eingesetzten Stoffe, die finanziellen Auswirkungen durch verschmutzungsbedingte Vorfälle und Ablagerungen sowie die umweltbedingten Abhängigkeiten auf die eigene Geschäftstätigkeit.

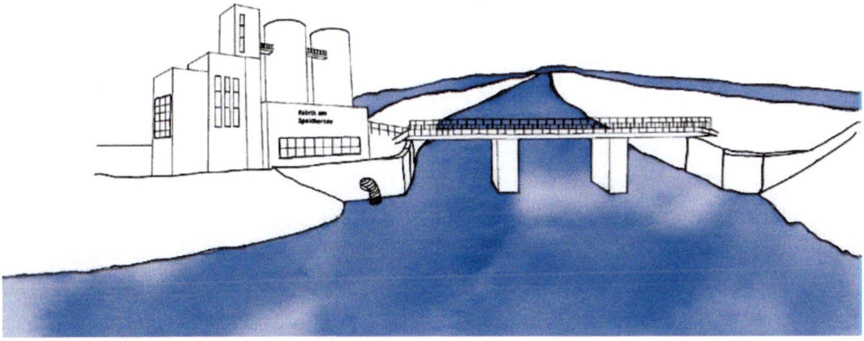

Abb. 32: Water and Marine Resources

ESRS E3: Water and Marine Resources (Nutzung von Wasserressourcen) (▸ Abb. 32)

ESRS E3 fordert Angaben über die Auswirkungen der Unternehmenstätigkeit auf Wasser und marine Ressourcen (z.B. Mineralien, Kies). Das Unternehmen legt seine Politik hinsichtlich des operativen Wassermanagements und der Wasserbeschaffung, der Auswahl von und Kooperation mit Lieferanten sowie der Gestaltung der Produkte und Dienstleistungen bezüglich des Umgangs mit Wasser und der Erhaltung der Meeresressourcen dar. Hierzu sind Daten über den Wasserkreislauf (Wasserentnahme, -verbrauch und -entsorgung) des

Unternehmens zu liefern und die finanziellen Auswirkungen durch die Abhängigkeit von Wasser- und Meeresressourcen einzustufen.

ESRS E4: Biodiversity and Ecosystems (Biodiversität und Schutz von Ökosystemen)

ESRS E4 stellt Anforderungen an den Beitrag der Unternehmenstätigkeit zur Erhaltung, Wiederherstellung und Förderung der Biodiversität und Artenvielfalt. Dazu sollen Strategien und Maßnahmen für das Geschäftsmodell vorgestellt werden, damit bis 2030 keine Nettoverluste, ab 2030 Gewinne und bis 2050 eine vollständige Erholung der biologischen Vielfalt und Ökosysteme erreicht wird. Im Rahmen von ESRS E4 sind Angaben zu Volumina und dem prozentualen Anteil an bezogenen Rohstoffen zu machen, die als umweltfreundlich zertifiziert sind, die biologische Vielfalt verbessern oder bis an die Ursprungsquelle zurückverfolgt werden können. Die finanziellen Auswirkungen, die sich aus den mit der Biodiversität verbundenen Abhängigkeiten ergeben, sind ebenfalls Teil der Nachweispflicht.

ESRS E5: Resource Use and Circular Economy (Wandel zu einer Kreislaufwirtschaft) (▶ Abb. 33)

ESRS E5 gibt Aufschluss über die Ressourcennutzung des Unternehmens. Hierzu sind die Politik und das Vorhaben zu beschreiben, um die eigene Wirtschaftstätigkeit von der Gewinnung nicht erneuerbarer Ressourcen abzukoppeln und um zur Regeneration erneuerbarer Ressourcen sowie zur Kreislaufwirtschaft beizutragen (z. B. Schaffung von Kooperationen). Das Unternehmen macht Angaben zu den Ressourcenzu- und -abflüssen und zu der Menge an erzeugten Abfällen.

ESRS S2: Workers in the Value Chain (Arbeitnehmer in der Wertschöpfungskette)

ERSR S2 fordert Angaben über die Auswirkungen der Unternehmenstätigkeit auf die Arbeitnehmer:innen entlang der gesamten Wertschöpfungskette (eigene, vor- und nachgelagerte Aktivitäten). Hierzu sind Strategien und Vorhaben darzulegen, die zur Verringerung negativer sowie zur Förderung positiver Auswirkungen beitragen. Neben den obligatorischen Maßnahmen können zusätzlich soziale Investitionen getätigt und Entwicklungsprogramme unterstützt oder selbst umgesetzt werden.

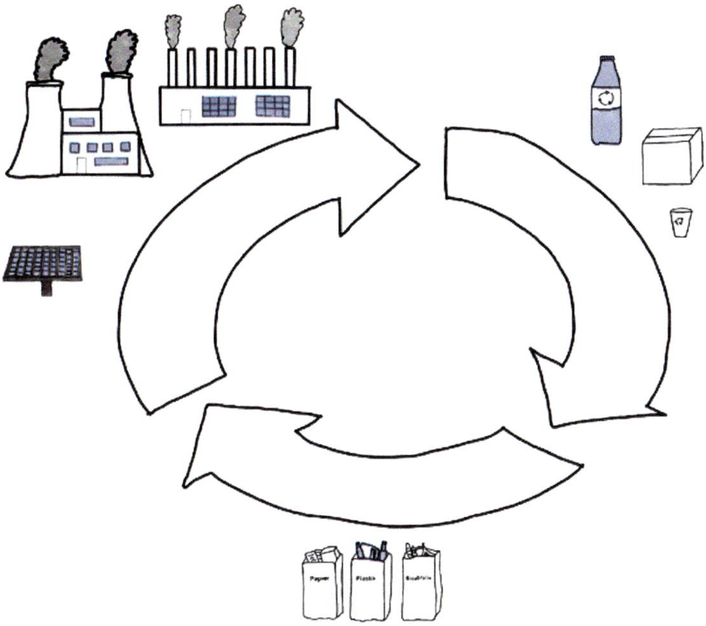

Abb. 33: Resource Use and Circular Economy

> Wir hoffen, wir konnten Ihnen die Relevanz der Wesentlichkeitsanalyse und eine mögliche Umsetzung näherbringen. Unser Tipp: Warten Sie nicht zu lange mit der Erarbeitung Ihrer wesentlichen Themen. Wir haben ca. neun Monate benötigt, um diesen Teilschritt eines Nachhaltigkeitsmanagements abschließen zu können.

5.4 Ziele und Kennzahlensysteme

Die Handlungsfelder, die wir in den nächsten Jahren vorrangig bearbeiten werden, wurden mithilfe der Gap-Analyse und der Wesentlichkeitsanalyse bestimmt. Nun geht es an die Festlegung von Zielen und Maßnahmen sowie an die Erhebung von Kennzahlen zur Prüfung der Zielerreichung (▶ Abb. 34).

Abb. 34: Zieleplanung

5.4.1 Ziele

Die Ziele unterscheiden wir in qualitative und quantitative Ziele. Die quantitativen Ziele können absolut (z. B. Abfallminderung in einer Einrichtung um 45 Tonnen) oder relativ (z. B. Abfallminderung in einer Einrichtung um 5 %) formuliert werden.

Die Festlegung von Zielen kann durch einen Top-down- oder einen Bottom-up-Ansatz erfolgen:

1. Bei einem Top-down-Ansatz werden die Ziele von der obersten Führungsebene festgelegt und an die nachgeordnete Struktur weitergegeben. Im Fall der Nachhaltigkeit sollten sich diese Ziele unter anderem an dem 1,5-Grad-Ziel des Pariser Abkommens und der Fragestellung orientieren, welchen Beitrag das Unternehmen zu diesem leisten kann (▸ Kap. 2.2.3). Der Ansatz der sogenannten Science Based Targets (SBT) unterstützt Unternehmen dabei, Emissionsreduktionsziele festzulegen, die mit dem 1,5-Grad-Ziel übereinstimmen (Science Based Targets 2022).
2. Bei einem Bottom-up-Ansatz werden die Ziele gemeinsam im Team festgelegt. Die aus Sicht der Verantwortlichen realistisch erscheinenden Maßnahmen und die aus diesen resultierenden Einsparmöglichkeiten werden zusammengetragen und auf Unternehmensebene aggregiert.

5.4.2 Kennzahlensysteme

»*If you want it, measure it. If you can't measure it, forget it.*« Der Ausspruch des bereits in diesem Buch zitierten Managementgurus Peter Drucker klingt mittlerweile etwas platt, ist aber weiterhin wahr (vgl. Peter Drucker 1909–2005, US-amerikanischer Ökonom und Pionier der modernen Managementlehre). Um die nachhaltige Entwicklung eines Unternehmens messen zu können bedarf es Kennzahlen. Für viele Unternehmen im Gesundheitswesen ist dies in Bezug auf die ökologische Nachhaltigkeit eine besondere Herausforderung. Erst wenige Krankenhäuser oder Wohn- und Pflegeeinrichtungen haben die Menge an Treibhausgasemissionen, die das Unternehmen durch seine Geschäftstätigkeit verursacht, berechnet (CO_2-Bilanz). Aber auch andere Kennzahlen wie zum Beispiel die Menge und Zusammensetzung des Abfalls, liegen häufig nicht – bzw. zumindest nicht konzernübergreifend – vor.

Die Erfassung der Treibhausgasemissionen bezeichnet man als Treibhausgasbilanz oder auch CO_2-Bilanz. Diesen Begriffen gleichzusetzen ist auch der CO_2-Fußabdruck (Carbon Footprint). Er bilanziert die direkten und indirekten Treibhausgasemissionen einer Einheit, zum Beispiel eines Unternehmens oder einer Person, in einem definierten Zeitraum.

CO_2-Bilanz

Bei der Erstellung einer CO_2-Bilanz gilt Kohlenstoffdioxid (CO_2) als Maßeinheit. Andere Treibhausgase (▶ Kap. 2.2.1) werden auf Basis von Werten, die durch den Weltklimarat festgelegt wurden, in sogenannte CO_2-Äquivalente umgerechnet (zum Beispiel 1 Kilogramm Methan (CH_4) = 25 Kilogramm Kohlenstoffdioxid (CO_2)). Für die Berechnung einer CO_2-Bilanz bietet das GHG- Protocol einen international anerkannten, einheitlichen Berechnungsrahmen (Greenhouse Gas Protocol 2022).

Die Berechnung der Treibhausgasemissionen kann auf verschiedenen für ein Unternehmen relevanten Ebenen erfolgen:

Corporate Carbon Footprint – Unternehmensebene

Mit Hilfe des Corporate Carbon Footprint werden die direkten und indirekten Treibhausgasemissionen eines Unternehmens in einem definierten Zeitraum, in der Regel dem Geschäftsjahr, berechnet. Dabei wird zwischen drei Bereichen an Treibhausgasemissionen unterschieden:

- Scope 1 – direkte Treibhausgasemissionen, die durch das Unternehmen verursacht werden
- Scope 2 – indirekte Treibhausgasemissionen, die durch eingekaufte Energie verursacht werden
- Scope 3 – andere indirekte Treibhausgasemissionen in der vor- und nachgelagerten Lieferkette, die zum Beispiel durch die Mobilität der Mitarbeiter:innen verursacht werden (Geschäftsreisen, Pendeln zum Unternehmen)

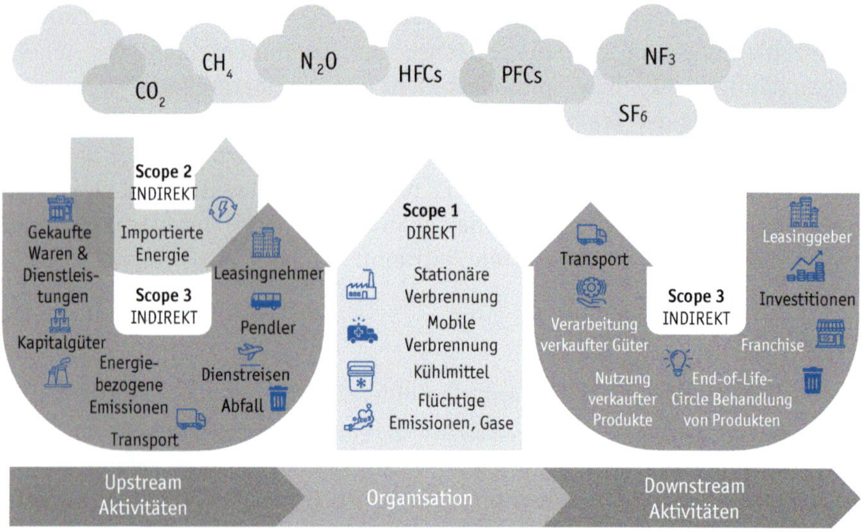

Abb. 35: Übersicht Scopes Gesundheitswesen

Bei einer Berichterstattung nach dem GHG-Protocol ist die Bilanzierung der Treibhausgasemissionen Scope 1 und Scope 2 verpflichtend, die Bilanzierung der Treibhausgasemissionen Scope 3 dagegen optional. Gleichzeitig sind die Treibhausgasemissionen Scope 3 aber auch die Emissionen, die bei einem Unternehmen im Gesundheitswesen den höchsten Anteil an den Treibhausgasemissionen ausmachen. Sie sind am schwierigsten zu bilanzieren, da nicht alle Vorgänge entlang der vor- und nachgelagerten Lieferkette dem bilanzierenden Unternehmen bekannt sind.

Ein Hinweis noch zu den Treibhausgasemissionen Scope 3: Wie Sie der Abbildung 35 entnehmen können, haben wir in der nachgelagerten Lieferkette (Downstream) einige Kategorien weiß markiert. Da wir keine Produkte verkaufen, treffen diese aus unserer Sicht nicht auf unsere Krankenhäuser oder Wohn- und Pflegeeinrichtungen zu (▸ Abb. 35).

Product Carbon Footprint – Produktebene

Der Product Carbon Footprint berechnet die Treibhausgasemissionen eines Produkts entlang dessen gesamten Lebenszyklus (Cradle-to-Grave) oder auch nur für eine bestimmte Nutzungsphase (zum Beispiel Gate-to-Gate oder Cradle-to-Gate). Die Berechnung kann helfen, die klimarelevanten Auswirkungen eines Produktes zu analysieren und mit den richtigen Maßnahmen zu reduzieren (▸ Abb. 36).

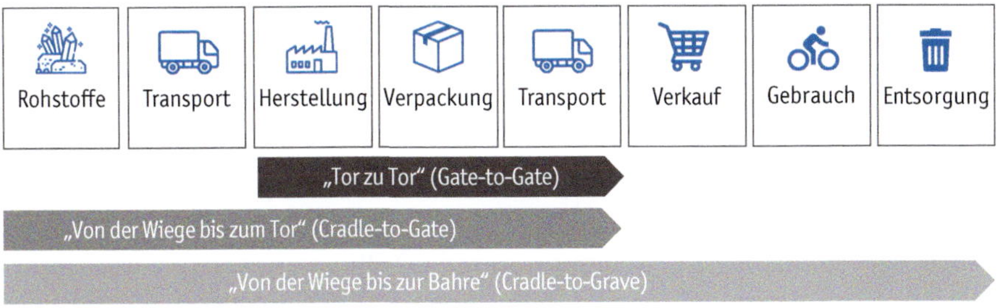

Abb. 36: Product Carbon Footprint

Project Carbon Footprint – Projektebene

Der Project Carbon Footprint berechnet die Treibhausgasemissionen eines Projekts. Der Ansatz wird verwendet, um zu berechnen, wie viele Treibhausgase durch ein Projekt tatsächlich reduziert werden (▸ Abb. 37).

CO_2-Bilanz bei AGAPLESION

AGAPLESION bilanziert ihre Treibhausgasemissionen bislang noch nicht. Wir haben es uns jedoch als Ziel gesetzt, in Zukunft regelmäßig unseren Corporate Carbon Footprint zu berechnen.

Corporate Carbon Footprint

Für die Berechnung unseres Corporate Carbon Footprint liegen uns Daten aus in der Vergangenheit stattgefundenen Energie-Audits vor. Auf diese können wir zurückgreifen, um unsere Treibhausgasemissionen Scope 1 und Scope 2 zu berechnen. Die Treibhausgasemissionen Scope 3 werden wir, damit die

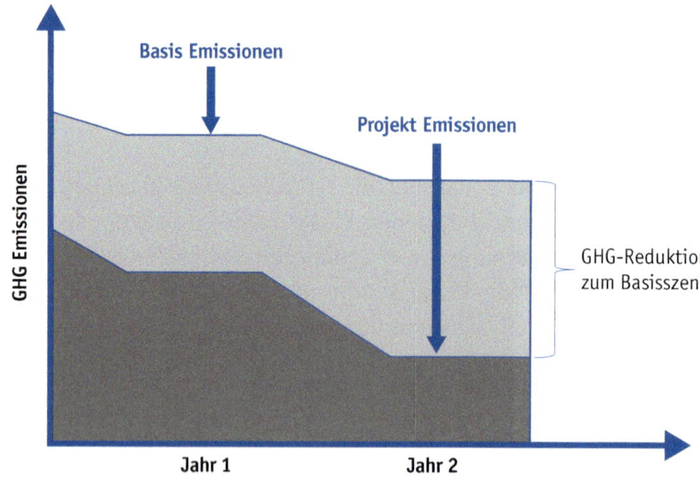

Abb. 37: Project Carbon Footprint

Komplexität nicht zu hoch wird, vermutlich erst in Folgebilanzierungen berücksichtigen.

Bei der erstmaligen Erstellung unserer CO_2-Bilanz benötigen wir Unterstützung und externe Expertise, zum einen bei der inhaltlichen und zum anderen bei der technischen Umsetzung:

a. Inhaltliche Umsetzung
   Organisatorische und operative Bilanzgrenzen festlegen, Daten zusammentragen oder ggf. neu erheben und diese mit CO_2-Äquivalenten verknüpfen etc. Wir brauchen Unterstützung, um einen ersten belastbaren und für die weitere Entscheidungsfindung tauglichen Corporate Carbon Footprint zu erheben.
b. Technische Umsetzung
   In der Zukunft werden wir voraussichtlich jährlich unseren Corporate Carbon Footprint (und auch andere Kennzahlen) erheben müssen (▶ Kap. 5.2.2). Wie lösen wir dies technisch? Integrieren wir die Datenzusammentragung und -aggregation in unsere Business Intelligence Lösung (BI), bedarf es einer anderweitigen Softwarelösung oder arbeiten wir mit dem guten, alten Excel? Eine Frage, die wir für uns noch nicht abschließend beantwortet haben.

Parallel zu den Punkten a) und b) ist eine Auseinandersetzung mit der organisatorischen Umsetzung notwendig. Wir gehen davon aus, dass sich die notwendige Organisation bei der Erstellung einer ersten CO_2-Bilanz und der Erhebung weiterer Kennzahlen herauskristallisieren wird und unternehmensintern diskutiert werden muss. Hierbei geht es um Fragestellungen wie: Wer plant und kommuniziert den Datensammlungsprozess, wer koordiniert diesen und wer ist letztlich für die eigentliche Datensammlung und -eingabe verantwortlich?

Product Carbon Footprint und Project Carbon Footprint

Für die Bilanzierung eines Product Carbon Footprints oder eines Project Carbon Footprints besteht für unser Unternehmen – auch in Zukunft – keine externe Verpflichtung. Dies sind jedoch zwei sehr interessante Betrachtungsebenen. Mit Hilfe der beiden Bilanzierungsinstrumente können wir feststellen, ob ein Produkt/eine Maßnahme im Vergleich zu einem anderen Produkt/einer anderen Maßnahme wirklich die Treibhausgasemissionen reduziert. Die Berechnung ist jedoch sehr komplex.

> Wo stehen Sie? Haben Sie bereits Ziele definiert und Kennzahlen erhoben? Sie kennen bereits die CO_2-Bilanz für Scope 1 und 2 Ihres Unternehmens? Wir kennen einige Unternehmen, die sich dem Nachhaltigkeitsmanagement eher aus der operativen Perspektive annähern und daher mit diesen Themen begonnen haben. Auch dieses Vorgehen ist legitim. Am Ende müssen wir vermutlich alle (zumindest die Unternehmen, die berichtspflichtig werden) die oben genannten Schritte durchlaufen, egal in welcher Reihenfolge und egal, ob Sie sich dem Thema eher strategisch oder operativ annähern.

5.5 Nachhaltigkeitsbericht

Letztendlich geht es darum, alle im gesamten Kapitel 5 »Nachhaltigkeitsmanagement Teil 2« beschriebenen Inhalte zu einem Nachhaltigkeitsbericht zusammenzufassen. In diesem Zusammenhang muss geklärt werden, wer für den Nachhaltigkeitsbericht verantwortlich ist und welche Abteilungen hieran zu beteiligen sind. Bei AGAPLESION stehen wir unter anderem im engen Austausch mit unseren Kolleg:innen aus der Unternehmenskommunikation, dem Kaufmännischen Controlling, der Finanzbuchhaltung, dem Personalwesen oder der Technik.

Klar ist, dass der geforderte Nachhaltigkeitsbericht Teil des Lageberichts werden wird. Gerne berichten wir in einer zweiten Auflage des Buches über unsere Umsetzung.

5.6 Finanzierung der Investitionen und Refinanzierung

Nun stellen Sie sich sicher schon seit längerem die Frage, wie das alles bezahlt werden soll. Sie haben recht, keine einfache Angelegenheit, vor allem nicht in der jetzigen Situation.

Daher gibt es analog zum Krankenhauszukunftsgesetz bereits den Ruf nach Förderprogrammen. Einzelne Bundesländer gehen hier schon die ersten Schritte, so beispielsweise Berlin, Brandenburg, Mecklenburg-Vorpommern und Nordrhein-Westfalen mit dem Förderprogramm »Klimaanpassung in sozialen Einrichtungen« des Bundesumweltministeriums. Dieses Förderprogramm adressiert bundesweit Kommunen, gemeinnützige Vereinigungen sowie Organisationen und Unternehmen im Gesundheits- und Sozialwesen und umfasst einen Fördertopf von 150 Millionen € bis 2023. Im Rahmen des Tags der Pflege im Jahr 2021 erhielten soziale Einrichtungen in den genannten Bundesländern je einen Förderscheck für fünf neue Projekte. Mit den Fördermitteln wollen Pflegeheime, Pflegedienste und auch Seniorenzentren konkrete Maßnahmen wie Verschattungen zum Hitzeschutz, Begrünungen von Dachflächen sowie Beratungen und umfassende Konzepte zur Anpassung an die Folgen des Klimawandels finanzieren. Mit dem Förderprogramm soll auch das Arbeitsumfeld der Beschäftigten sowie die Lebensqualität in den Einrichtungen verbessert werden (Bundesministerium für Umwelt, Naturschutz, nukleare Sicherheit und Verbraucherschutz 2021: Tag der Pflege).

Auch in der Koalitionsvereinbarung Nordrhein-Westfalen 2022 ist zu lesen: »Wir werden bestehende Hemmnisse für Investitionen in Klimaschutzmaßnahmen in Krankenhäusern konsequent abbauen und uns gegenüber der Bundesregierung für entsprechende Anpassungen bundesrechtlicher Regelungen und in Förderprogrammen des Bundes einsetzen. Wir werden einen Krankenhaus-Klimaschutzfonds einrichten. Der Fonds soll aus Mitteln des

Landes und des Bundes gespeist werden, wozu unmittelbare Verhandlungen mit dem Bund aufzunehmen sind« (CDU-NRW 2022).

Das Institute for Health Care Business GmbH (HCB) kommt in seinem Gutachten »Das klimaneutrale Krankenhaus – Finanzierungsmöglichkeiten von Umsetzungsmaßnahmen« zu einem ähnlichen Schluss. Das duale Finanzierungssystem von Krankenhäusern, in dem Krankenkassen die Betriebskosten tragen und die Länder für Investitionskosten aufkommen, lässt – abseits von Fördermitteln – kaum Spielräume, um größere Summen für den Klimaschutz zu investieren. Demgegenüber steht der erhebliche Investitionsbedarf, um die geforderten Klimaschutzziele zu erreichen. Dem HCB-Gutachten zufolge liegt dieser Bedarf allein für ein einziges Plankrankenhaus in Nordrhein-Westfalen bei rund 23 Mio. €. Bei einer bundesweiten Betrachtung beläuft sich die benötigte Investitionssumme auf 34 Mrd. €, wobei in dieser Berechnung Universitätskliniken nicht einmal Berücksichtigung fanden (Thieme kma-online 2022).

Die HCB-Wissenschaftler sprechen sich bei der Finanzierung des Investitionsbedarfs für einen »Climate Boost« aus. Eine Verankerung der Klimaschutzmaßnahmen als notwendige Investitionen in der Krankenhausgesetzgebung sei zunächst notwendig. Hierzu sollte ein entsprechender Krankenhaus-Klimafonds aufgelegt werden, der allein für Nordrhein-Westfalen neben einer umfassenden Anschubfinanzierung in Höhe von 600 Mio. € zur Schaffung von Strukturen (u.a. Etablierung von Klimaschutzmanager:-innen) weitere 7,1 Mrd. € verteilt über einen Zeitraum von sieben Jahren für den Weg zur Klimaneutralität bereitstellt. Der Fonds könne sich in eine Klimapauschale und ein Sonderinvestitionsprogramm für Gebäudehüllen gliedern. Gegenüber der Vielzahl aktueller, verschiedener Fördertöpfe böte der Krankenhaus-Fonds einen zentralen Vorteil: Durch das für alle Krankenhäuser einheitliche administrative Verfahren zur Beantragung von Investitionsmitteln für Klimaschutzmaßnahmen ließen sich die Klimaziele wirksamer und schneller umsetzen (Thieme kma-online 2022).

Bis solche Förderprogramme oder auch Finanzierungsmöglichkeiten Realität werden, wird sicherlich noch einige Zeit vergehen. Was also tun? Abwarten und Tee trinken? Die oben genannten Zahlen rund um den Investitionsbedarf in Krankenhäusern machen ja nicht gerade viel Hoffnung. Wollen Sie also wieder warten, bis die Regulatorik Sie überholt und Sie nur noch reagieren können, statt aktiv zu handeln?

Doch die im HCB-Bericht errechneten Summen sind in vielen Fällen nicht nötig: Im Projekt KLIK green konnte rund ein Drittel der Absenkung der Treibhausgasemissionen mit nicht-investiven Maßnahmen erreicht werden. Zwei Drittel der Absenkung wurde durch investive Maßnahmen erreicht. Mit nicht-investiven Maßnahmen erzielen Sie vielleicht nicht den erwünschten großen Impact, aber es ist ein Anfang. Nachhaltigkeit beginnt also schon im Kleinen und kann im Sinne des Vermeidens oder Verminderns erhebliche Einsparpotenziale bieten.

Dies zeigen die zahlreichen Initiativen im Rahmen des Projekts KLIK green. Einfache Beispiele gefällig?

In der Klinik Bavaria GmbH & Co KG Bad Kissingen wurden die Abfalleimer in den Büros und in den Patientenzimmern gegen zentrale Sortierbehälter im gesamten Gebäude ausgetauscht. Ziel war die Mülltrennung und Reduzierung von Restmüll wie auch die Reduzierung des Mülls auf den Zimmern. Einem Anschaffungspreis von 20.000 € für die zentralen Behälter stehen eine jährliche Kostenersparnis von 3.000 € gegenüber. Zusätzlich können zudem rund 5 Tonnen CO_2-Äquivalente pro Jahr vermieden werden. Die CO_2-Emissionen konnten bereits mit dem ersten Jahr der Anschaffung eingespart werden. Ab dem 7. Jahr zahlte sich die Investition auch wirtschaftlich aus.

Viel zu lang denken Sie? Die LVR-Klinik Bonn installierte eine bedarfsgerechte Lüftungssteuerung für die Küche, mit der der Zu- und Ablauf automatisch überwacht und angepasst werden kann und hohe Drehzahlen ohne Bedarf vermieden werden. Die Investitionskosten der Steuerungsanlage in Höhe von 11.000 € wurden bereits nach einem Jahr durch eine jährliche Energiekostenersparnis von 10.856 € kompensiert.

Viel zu teuer denken Sie? Auf einem Parkplatz der Niels-Stensen-Kliniken wurden sechs Straßenleuchten gegen LED-Lampen ausgetauscht. Bei einem damaligen Strompreis von 0,21 € pro kWh (Jahr: 2016) und der Annahme einer durchschnittlichen Leuchtdauer von 10 Stunden pro Tag stehen einmalige Anschaffungskosten von 450 € einer jährlichen Einsparung von 202 € und 0,55 Tonnen CO_2-Emissionen gegenüber. Vor dem Hintergrund des heutigen Strompreises wird der wirtschaftliche Erfolg wohl nicht erst nach rund zwei Jahren eintreten (KLIK green 2022: Suche nach Maßnahmen).

Betriebswirtschaftler sprechen in diesem Zusammenhang von der sogenannten Amortisationszeit oder dem Return-on-Investment (ROI), Volkswirtschaftler vom Break-Even-Point und der Gewinnschwelle. Welchen Terminus Sie auch immer nutzen mögen: Nachhaltigkeit und wirtschaftlicher Erfolg gehen Hand in Hand. Eine gute Investition heute kann auf lange Sicht deutlich sinnvoller sein, als in Zukunft teure und häufige Maßnahmen aufgrund von Versäumnissen in der Vergangenheit zu tätigen. Und auch hier kommt wieder der Ansatz des Systemdenkens zum Tragen: Die Entscheidung über eine Investition sollte immer entlang der gesamten Wertschöpfungskette getroffen werden, alle Dimensionen der Nachhaltigkeit einschließen und die Auswirkungen vor einem langen Zeithorizont ins Auge fassen.

Nun haben Sie bereits einen kleinen Einblick in Maßnahmen zum Nachhaltigkeitsmanagement erhalten. Weitere folgen, bleiben Sie dran. Im nächsten Kapitel wird's ganz praktisch.

Nachhaltig investieren

»Vor Jahren machte der Witz die Runde, dass selbst eine Schwimmweste aus Beton nach DIN ISO zertifiziert werden könnte, wenn man statt des Verwendungszwecks – also das Retten von Leben – die Güte des Herstellungsprozesses als Maßstab definieren würde. Nachhaltiges Investieren könnte demselben schlechten Witz zum Opfer fallen, bedenkt man, dass in der EU-Taxonomie Kernenergie ebenso wie Erdgas als nachhaltig klassifiziert sind.

Wer Investmententscheidungen auf der Basis des eigenen Wertegerüsts treffen will und gleichzeitig die Sustainable-Finance-Regularien beachten muss, wird also selbst auf die Suche gehen müssen, statt sich bunten Nachhaltigkeits-Logos auf Fonds-Prospekten hinzugeben. Gesucht wird eine Branche mit ethischem Anspruch auf der einen und ebenso hohem Nachholbedarf in Sachen Sustainability auf der anderen Seite. Sicher in der TOP drei der geeigneten Branchen dürfte sich das Gesundheitswesen befinden: Hohe CO_2-Emissionen und – mindestens international – eine inakzeptable Ungleichheit im Zugang zu hochwertiger Versorgung signalisieren das notwenige Maß an Dringlichkeit. Gleichzeitig bedient der Gesundheitsmarkt traditionell die notwendige Renditeerwartung. Bleibt die Frage nach den Investment-Targets. Die Antwort lautet: Perfektes Timing. Gerade kommt Digital Health in Fahrt – die CO_2-Bilanz kann sich sehen lassen und der Zugang zum Gesundheitswesen wird einfacher denn je. Und soeben hat Green Health das Licht der Gesundheitswirtschaft erblickt. Grüne Technologien rund um CO_2-Management, Kreislaufwirtschaft, Offsetting usw. haben sich aufgemacht, den Markt zu erobern. Fazit: Investieren in Gesundheit macht doppelt Sinn – persönlich und für's Portfolio«.

Laura Wamprecht, Geschäftsführerin Flying Health
Markus Müschenich, Gründer Eternity Health

6 Maßnahmen

Sie sind mittlerweile ziemlich weit in unserem Buch vorangekommen. Vielleicht dachten Sie sich zwischenzeitlich: Ganz schön viel Arbeit, ganz schön viel Vorlauf und noch immer lese ich nichts von operativen Maßnahmen. Jetzt ist es so weit.

Aber Sie müssen nicht so lange warten:

Starten, loslaufen, erste Maßnahmen umsetzen und parallel eine robuste Organisation aufbauen – das halten wir auch für einen richtigen Ansatz.

Wir geben Ihnen nun einige Beispiele, was wir bei AGAPLESION bereits veranlasst haben oder für möglich halten. Lassen Sie sich inspirieren.

6.1 Ökologische Nachhaltigkeit

Gliederung

Wir haben lange überlegt, wie wir unsere Maßnahmen arrangieren: Am Ende haben wir uns für eine mehrstufige Sortierung bzw. Gliederung entschieden.

In der **ersten Ebene** sortieren wir unsere Maßnahmen nach der Nachhaltigkeitskaskade (▶ Kap. 2.2.2). Konsequenter Weise ordnen wir unsere Maßnahmen von der besten Handlungsgrundlage, dem Vermeiden, bis hin zu der am wenigsten vorzugswürdigen Option, dem Beseitigen.

In unseren Beispielen greifen wir nur die Stufen der Nachhaltigkeitskaskade auf, zu denen wir Ihnen aus der Praxis berichten können.

In der **zweiten Ebene** sortieren wir unsere Maßnahmen nach den ESRS (▶ Kap. 5.3.1 und 5.3.2). Damit Sie wissen, in welchem ESRS-Handlungsfeld Sie die Maßnahmen verorten können, ordnen wir ihnen entsprechende Icons zu:

 E1 Climate Change

 E2 Pollution

 E3 Water and Marine Resources

E4 Biodiversity and Ecosystems

E5 Resource Use and Circular Economy

In der **dritten Ebene** sortieren wir unsere Maßnahmen alphabetisch.

Leider können wir Ihnen im Moment noch keine exakten Angaben zu den CO_2-Einsparungen der einzelnen Aktivitäten geben. Wir können Ihnen jedoch sagen, auf welchen Scope 1, 2 oder 3 die jeweilige Maßnahme unseres Erachtens Auswirkung hat. Diese Angabe finden Sie hinter den Beispielen in Klammern.

Weitere inspirierende Möglichkeiten, die ökologische Nachhaltigkeit in Ihrem Unternehmen voranzubringen, finden Sie auf der Webseite von Klik: https://www.klik-krankenhaus.de/klik-datenbank/suche-nach-massnahmen.

Unsere internen Expert:innen

Wir haben verschiedene Expert:innen in unserem Unternehmen gebeten, Maßnahmen in ihren Handlungsbereichen zusammenzutragen. Diese beschreiben unsere Expert:innen im Folgenden bisweilen etwas ausführlicher und mit hoher Fachexpertise, aber auch in etwas lockerer Sprache. Neben den genannten Personen beschäftigen sich natürlich auch viele weitere Mitarbeiter:innen in unserem Konzern mit Nachhaltigkeit – denn Nachhaltigkeit ist ein Querschnittsthema. Aber lesen Sie selbst.

6.1.1 Vermeiden

Prävention durch Nachdenken: Benötige ich das zusätzliche OP-Set wirklich? Muss ich meine Mail ausdrucken oder die Heizung wärmer stellen? Kann ich den Primärenergieverbrauch reduzieren? Ist es möglich, Wasser einzusparen? Die Stufe des Vermeidens beschreibt das Unterlassen einer Tätigkeit und damit das Vermeiden der Entstehung von Emissionen und Abfall oder das Vermeiden von Wasserverbrauch.

Pendler – »Mit dem Rad zur Arbeit« (Scope 3)

Wir haben uns an der deutschlandweiten AOK-Mitmachaktion »Mit dem Rad zur Arbeit« beteiligt. Dieser Wettbewerb findet jährlich im Sommer in Kooperation mit dem Allgemeinen Deutschen Fahrrad-Club (ADFC) statt. Unsere Mitarbeiter:innen wurden dazu motiviert, den Weg zur Arbeit mit dem

Fahrrad zurückzulegen – egal ob nur eine Teilstrecke oder den gesamten Arbeitsweg. Wer an mindestens zwanzig Tagen im viermonatigen Aktionszeitraum mit dem Fahrrad zur Arbeit fuhr, nahm an einer Verlosung teil und konnte attraktive Preise für sich oder das Team gewinnen. Übrigens fahre ich (Markus Horneber) seitdem häufig bei schönem Wetter mit dem Rad zur Arbeit (statt mit der Straßenbahn oder manchmal dem Auto). Das steigert nicht nur die Laune ungemein, sondern hält obendrein fit!

Damit möglichst viele Mitarbeiter:innen diese Aktion unterstützen, sind weitere Maßnahmen sehr sinnvoll, die wir nach und nach in allen unseren Einrichtungen umsetzen wollen:

- Eine ausreichende Anzahl an Fahrradstellplätzen anbieten
- Möglichkeiten/Schließfächer, um hochwertige Fahrräder einzuschließen
- Kooperationen mit Anbietern von Bikesharing-Modellen
- Jobrad-Angebote

Kunststoff (Scope 3)

Medikamentendispenser – Einsatz neuer Werkstoffe

Kunststoff als flexibles und stabiles Material ist aus dem Gesundheitswesen kaum wegzudenken und kommt in nahezu allen Bereichen zum Einsatz. Allerdings verrottet Kunststoff nicht und existiert Jahrhunderte weiter.

In Kooperation mit Greenbox, einem auf die Herstellung alternativer Verpackungen für die Gastronomie spezialisierten Startup, haben wir einen Medikamentendispenser aus Bagasse entwickelt. Bagasse ist ein Abfallprodukt, das bei der Produktion von Zucker aus Zuckerrohr anfällt, und als natürliches Nebenprodukt ressourcenschonend. Im Rahmen einer Testphase wurde der Einsatz der Medikamentendispenser auf zwei Stationen eines unserer Krankenhäuser ausführlich geprüft und bewertet. Derzeit wird das Produkt optimiert, um es perspektivisch konzernweit einsetzen zu können.

Waschmittelpulver – Alternative Verpackungen

Es sind bereits Chemiehersteller auf dem Markt, die hinsichtlich der Verpackung von Waschmittelpulver auf die herkömmliche Abfüllung in Plastikverpackungen verzichten und stattdessen auf umweltfreundliche Beutel zum Wiederbefüllen zurückgreifen. Wir versuchen, diese in unseren Einrichtungen flächendeckend einzusetzen.

Weitere Beispiele für das Vermeiden von Kunststoff sind:

- Biokompostierbare Kaffeebecher
- Holzbesteck
- Kompostierbare Einwegschalen

Wasserspender anstatt Plastikflaschen

Nach einer Schätzung des Naturschutzbundes (NABU) wird nur ein Viertel aller PET-Flaschen tatsächlich in neue Flaschen umgewandelt. Deshalb – und natürlich auch wegen des enorm klimaschädlichen Logistikaufwands – ist es sinnvoll, den Einsatz von PET-Flaschen zu vermeiden. In enger Zusammenarbeit mit der Firma BRITA-Vivreau stehen in vielen unserer Einrichtungen nun Wasserspender für Patient:innen, Bewohner:innen, Mitarbeiter:innen und/oder Gäste zur Verfügung. Die Wasserspender bringen neben Einsparungen bei Plastikmüll und Lagerfläche noch weitere Vorteile für die Einrichtungen. Die Bereitstellung von Wasserspendern wirkt sich auch positiv auf das Trinkverhalten aus.

Medizintechnik – Umstellung auf kontaktlose Thermometer (Scope 3)

Die Temperatur kann mit diesen Geräten berührungslos gemessen werden. Sie vermeiden die Verwendung von Plastikkappen für konventionelle Ohrthermometer. Dies spart Ressourcen und vermindert den Abfall.

6.1.2 Vermindern

Die Stufe des Verminderns beschreibt die Reduktion von umweltbelastenden Aktivitäten oder auch des Energieeinsatzes durch ressourcenschonendere Alternativen. Diese Stufe umfasst auch Überlegungen, andere, sogenannte erneuerbare Energien einzusetzen, um den CO_2-Ausstoß zu verringern.

Energie

Unser Experte für Technik und Energie: **Sebastian Birk** – Mitarbeiter Zentraler Dienst Bau, Investitionen & Technik

Er war über 12 Jahre Technischer Leiter im AGAPLESION Bethanien Krankenhaus in Frankfurt. Seit dem 01. September 2022 verantwortet Herr Birk im Zentralen Dienst Bau, Investitionen und Technik den Bereich der Haus- und Gebäudetechnik. Mit den technischen Leiter:innen der Einrichtungen tauscht er sich regelmäßig über Möglichkeiten aus, um im Bereich Technik und Energie nachhaltiger zu agieren.

Beleuchtung: LED-Lampen und Bewegungsmelder (Scope 2)

Wenn Sie 20 Halogenlampen durch LED-Lampen ersetzen, haben Sie ein jährliches Einsparpotenzial in Höhe von 1.908 Kilowattstunden und 1.025 Kilogramm CO_2. Dieser CO_2-Ausstoß entspricht in etwa dem CO_2-Ausstoß von 5.600 Kilometer Auto fahren.

Der Austausch von Halogenlampen gegen LED-Lampen ist in allen unseren Einrichtungen nahezu vollzogen. Zudem ersetzen wir sukzessive Lichtschalter durch Bewegungs- oder Inaktivmelder, die das Licht nach kurzer Zeit automatisch abschalten.

Einsparungen in der Haustechnik: Abschalten der Warmwasseranlagen (Scope 2)

An Entnahmestellen, die durch dezentrale Warmwasserbereiter (Untertischgeräte, Kleinspeicher) versorgt werden, wurde geprüft, ob dort Warmwasser zwingend notwendig ist. Wird ein Waschbecken ausschließlich zum Händewaschen benutzt, ist das Warmwasser entbehrlich und das Untertischgerät/der Kleinspeicher wurde ausgeschaltet.

Einsparungen in der Haustechnik: Dämmen von Leitungen (Scope 2)

Ein Beitrag zum Einsparen von Wärmeenergie lässt sich durch das nachträgliche Dämmen von Leitungen und Armaturen, die Wärme leiten, erreichen. Daher dämmen wir systematisch auch lediglich partiell freiliegende Verteilleitungen und Armaturen.

Einsparungen in der Medizintechnik: Standby Großgeräte (Scope 2)

Großgeräte wie bspw. MRT oder CT müssen nicht immer rund um die Uhr einsatzbereit sein. Es gibt durchaus Möglichkeiten, die Geräte komplett abzuschalten oder wenigstens in den Standy-by-Modus zu wechseln. Durch Updates der Geräte ist dies mittlerweile konfigurierbar.

Energiesparguide für Mitarbeiter:innen (Scope 2)

Unsere Trainees: **Theresia Otto, Melina Bock und Dominik Köditz** (v. l.)

Umwelt und Nachhaltigkeit sind Themen, die für viele junge Menschen einen hohen Stellenwert haben. Sie haben ein hohes Problembewusstsein, machen sich Sorgen um die langfristige Sicherung der natürlichen Lebensgrundlagen und sind hochkreativ in der Lösungsfindung. Dieser Kreativität haben wir in einem Traineeprojekt Raum gegeben.

Unsere Trainees haben einen Energiesparguide für alle Mitarbeiter:innen entwickelt. Dieser enthält Tipps und Tricks, wie wir gemeinsam durch ein umsichtigeres Verhalten Einsparungen im Energiebereich erreichen können.

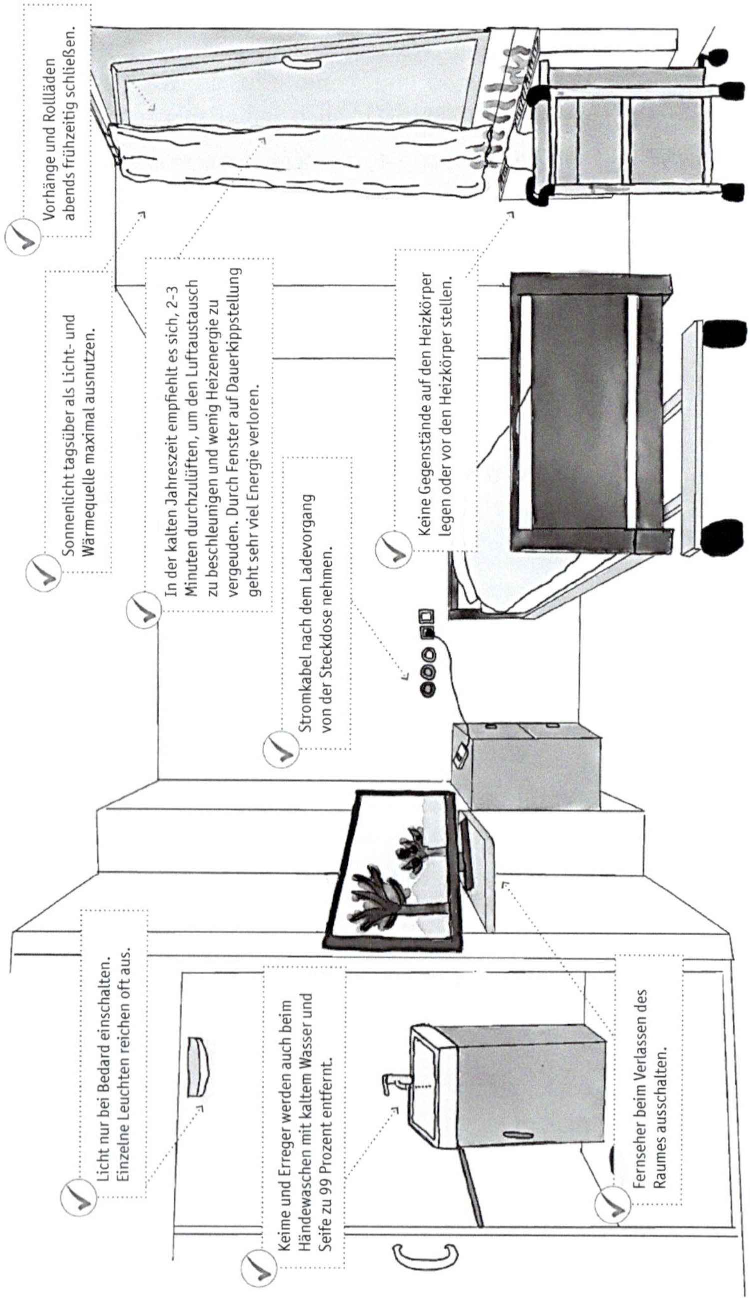

Abb. 38: Fehlerquellen im Patient:innen-/Bewohner:innenzimmer

Nachhaltigkeit heißt nicht Verzicht

Das Gesundheitswesen zählt zu einer der energieintensivsten Branchen weltweit. Der bewusste Umgang mit den verfügbaren Ressourcen im Sinne der ökologischen wie auch der ökonomischen Nachhaltigkeit rückt daher immer weiter in den Fokus von Diskussionen. Dabei wird eines immer deutlicher: Nachhaltigkeit ist nicht gleichbedeutend mit Verzicht. Auf Basis dieses Gedankens haben wir Trainees einen Energiesparguide entwickelt, welcher die typischen Fehlerquellen für einen erhöhten Energiebedarf im Gesundheitswesen adressiert.

Zu Beginn des Projektes haben wir eine umfangreiche Recherche zum Thema Energiesparen durchgeführt. Für die Abstimmung und den Transfer der Inhalte auf die Einrichtungen des Gesundheitswesens wurden interne Expert:innen mit unterschiedlichen Kompetenzschwerpunkten (unter anderem Technik, Hygiene, IT) eingebunden. Eine Besonderheit liegt darin, dass für den eigenen Haushalt geeignete Energiesparmaßnahmen nicht zwangsläufig in Gesundheitseinrichtungen umgesetzt werden können (zum Beispiel aufgrund hygienischer Vorschriften oder technischer Gegebenheiten).

Kernstück unseres Energiesparguides bilden drei grafisch aufbereitete Räumlichkeiten (Büro, Patienten/Bewohnerzimmer, Küche), mit denen jede:r Mitarbeiter:in im Arbeitsalltag in Berührung kommt. In den Räumlichkeiten sind die Fehlerquellen für einen erhöhten Energieverbrauch sowie Tipps zum Energiesparen hervorgehoben. Ergänzend dazu werden allgemeine Informationen zum Thema Energie, den Quellen des Energieverbrauchs sowie dessen Ausmaß in Kliniken wie auch in Wohn- und Pflegeeinrichtungen eingeordnet (▸ Abb. 38).

Bei der Formulierung der Inhalte haben wir darauf geachtet, diese mittels einer leicht verständlichen Sprache zu vermitteln und mit alltagsnahen Tipps, Maßnahmen sowie interessanten und anschaulichen Informationen zu kombinieren. So verursacht ein tropfender Wasserhahn zum Beispiel pro Jahr rund 3.000 Liter Wasser – das entspricht 15 vollen Badewannen.

Um die Inhalte des Guides im Alltag präsent zu halten und für alle Zielgruppen zugänglich zu machen, wurden Plakate mit den Räumlichkeiten inkl. der Fehlerquellen und Tipps erstellt. Plakate wurden als Medium gewählt, da damit die Inhalte des Guides kurz und prägnant zusammengefasst werden können, eine große Zielgruppe erreicht wird und diese individuell auf verschiedene Bereiche angepasst werden können. Die Veröffentlichung unseres Energiesparguides wurde von einer Social-Media-Kampagne begleitet. Hierfür haben wir gemeinsam mit der zentralen Unternehmenskommunikation Kurzvideos (Reels) gedreht und Inhalte, die auf unserem Energiesparguide basieren, veröffentlicht. Die Beiträge wurden über mehrere Wochen verteilt gepostet, um das Thema Energiesparen bei unseren Mitarbeiter:innen über die gesamte Heizperiode präsent zu halten.

Rückblickend können wir für uns festhalten, dass wir viel über Nachhaltigkeit, insbesondere das Energiesparen, im Gesundheitswesen und die dortigen Besonderheiten gelernt haben. Dabei wurde uns klar, dass Nachhaltigkeit nicht gleichbedeutend mit Verzicht ist und durch kleine Maßnahmen große Veränderungen möglich sind.

Ihre Trainees

Photovoltaik (Scope 1)

PV-T-Kollektoren kombinieren Photovoltaik und Solarthermie. Diese Solar-Hybridkollektoren wandeln Sonnenenergie sowohl in Strom als auch in Wärme um. Sie wurden bei einem Neubau einer unserer Wohn- und Pflegeeinrichtungen installiert. Hierdurch erhöht sich die Leistung der Photovoltaik und die Wärme der Solarthermie kann mittels Wärmepumpe zum Heizen genutzt werden. Durch die Solareinstrahlung wird selbst im Winter eine höhere Leistung erzielt als bei reinen Luft-Wasser-Wärmepumpen.

Narkosegase – Einsatz reduzieren oder ersetzen (Scope 1)

Unsere Expertin für Medizin: **Dr. Bettina Beinhauer** – Leiterin Zentraler Dienst Medizinmanagement

Sie leitet unter anderem die Expertenboards Medizin. Diese gibt es zu nahezu allen medizinischen Fachrichtungen bei AGAPLESION. Sie setzen sich aus den jeweiligen Fachärzt:innen in leitender Position, i. d. R. Chefärzt:innen, zusammen. Das Thema Nachhaltigkeit wird auch in den Expertenboards immer präsenter; so befasst sich z.B. das Expertenboard Anästhesie intensiv mit Alternativen zu besonders klimaschädlichen Narkosegasen.

Die Nutzung von Narkosegasen kann einen Anteil von rund 35 % an den direkten CO_2-Emissionen (Scope 1) eines Krankenhauses ausmachen. Der Ersatz bestimmter Narkosegase kann zur Reduktion der Emissionen beitragen. Die Deutsche Gesellschaft für Anästhesiologie und Intensivmedizin (DGAI) und der Bund Deutscher Anästhesisten (BDA) haben Anfang 2020 die gemeinsame Kommission »Nachhaltigkeit in der Anästhesiologie« mit der Erarbeitung eines Positionspapiers für eine ökologisch nachhaltigere Anästhesiologie und Intensivmedizin beauftragt. Ein besonderes Augenmerk lag auf den Auswirkungen der in der Anästhesiologie und Intensivmedizin verwendeten Medikamente auf Umwelt und Klimawandel und die Bedeutung der volatilen Anästhetika als direkte und potente Treibhausgase.

In dem Zusammenhang hat sich AGAPLESION im Rahmen des Expertenboards »Anästhesie und Intensivmedizin« mit dem Thema Einsatz von volatilen Narkosegasen, insbesondere mit Desfluran beschäftigt. Ziel ist eine nachhaltige Reduktion der CO_2-Emissionen und die Minimierung negativer ökologischer Auswirkungen der anästhesiologischen und intensivmedizinischen Tätigkeit. Erreicht werden soll dies durch eine gezielte Substanzauswahl bei volatilen Anästhetika (u.a. Beschränkung des Indikationsgebietes), eine ressourcensparende Anwendung sowie die Prüfung und ein möglicher Einsatz von Recycling-Systemen. So kommt als Alternative zu Desfluran u.a. Sevofluran in Frage, welches deutlich weniger CO_2-Emissionen verursacht. Durch die konsequente Anwendung von Minimal-Flow-Anästhesien lässt sich zudem der Verbrauch von volatilen Narkosegasen senken.

Transport und Mobilität

Unser Experte für Mobilität: **Peter Helmer** – Geschäftsführer Bereich Transportlogistik AGAPLESION Logistikzentrum

Er verantwortet den Fuhrpark von AGAPLESION. In diesem Zusammenhang beschäftigt er sich mit der Mobilität der Zukunft und hat erste Maßnahmen im Bereich der Elektromobilität umgesetzt. Darüber hinaus behält er auch die weitere Entwicklung u. a. zu alternativen Kraftstoffen im Blick. Eine nachhaltigere Mobilität lässt sich durch ganz verschiedene Maßnahmen erreichen.

AGAPLESION Logistikzentrum: Anzahl notwendiger Touren reduzieren (Scope 1)

AGAPLESION betreibt am Standort Obertshausen bei Frankfurt ein Logistikzentrum. Auf einer Fläche von insgesamt 7.000 Quadratmetern liegen gut 3.000 Artikel zum Weitertransport mit dem konzerneigenen Fuhrpark in die Einrichtungen bereit, von der Spritze und Blumenvase über Desinfektionsmittel bis hin zu Hüftgelenksprothesen. Der Fuhrpark verfügt über 22 LKW und drei Kleintransporter. Täglich stehen rund 70 Touren auf dem Plan, um Produkte und Materialien in die bundesweit verteilten Einrichtungen zu transportieren. Zur Flotte gehört ein 18-Tonner mit 450 PS. Der sogenannte FlexLiner verfügt über zwei Stockwerke und bietet Platz für bis zu 87 Rollgitterwagen. Damit ist seine Ladekapazität so hoch, dass weniger LKW eingesetzt werden müssen und die Anzahl der Touren reduziert werden kann. Durch den FlexLiner ist eine Einsparung von bis zu 15 Tonnen CO_2 pro Monat möglich.

Für eine weitere Reduktion der Touren wird derzeit eine Software implementiert. Diese optimiert die Tourenplanung mit dem Ziel, die Fahrtzeiten und -strecken und damit den Treibstoffverbrauch zu senken.

AGAPLESION Logistikzentraum: Einsatz von E-LKWs (Scope 1)

Zudem testet das Logistikzentrum den Einsatz von vollelektrischen LKWs auf der Strecke zwischen Obertshausen und unseren Einrichtungen in Frankfurt und Darmstadt. Das Ergebnis: einmal liegen geblieben, aber ansonsten erfolgreich. Der E-LKW ist leise und verfügt über ein hohes Drehmoment. Pro Monat können rund fünf Tonnen CO_2 eingespart werden.

Die Reichweite des E-LKW beträgt 120 Kilometer – abhängig von dem Gewicht der Ladung und der Jahreszeit. Für die aktuellen Bedarfe wäre ein E-LKW mit einer Reichweite von 400 Kilometern ideal. Auch die Größe der E-LKW ist entscheidend: In der LKW-Flotte des Logistikzentrums sind überwiegend LKW mit 12 oder 15 Tonnen im Einsatz. Daher wird weiter getestet und der Markt beobachtet.

E-Dienstwagen-Flotte (Scope 3)

Auch in unserer Dienstwagen-Flotte wird die E-Mobilität gestärkt und die Auswahl an Hybrid- und Elektrofahrzeugen ausgebaut. Vor einer Neuanschaffung erhalten die jeweiligen Mitarbeiter:innen eine umfassende Beratung über die Charakteristika sowie die Vor- und Nachteile eines vollelektrisch, hybrid oder fossil betriebenen Fahrzeugs. Für die Wahl eines vollelektrisch oder hybrid betriebenen Fahrzeugs besteht ein monetärer Anreiz. Unser Ziel ist es, mittel- bis langfristig eine rein vollelektrisch betriebene Dienstwagen-Flotte aufzubauen.

E-Ladesäulen (Scope 3)

Die Anzahl an E-Ladesäulen, die wir deutschlandweit unseren Mitarbeiter:innen, Patient:innen und Besucher:innen zur Verfügung stellen, liegt im oberen zweistelligen Bereich. Eine konzernweit durchgeführte Umfrage im Jahr 2021 ergab, dass dennoch ein weiterer Bedarf an E-Ladesäulen besteht. So wurden neue Verträge mit verschiedenen Dienstleistern für die Bereitstellung einer Ladeinfrastruktur geschlossen. Diese treiben in Abstimmung mit den lokalen technischen Leiter:innen kontinuierlich die flächendeckende Installation und den Ausbau der E-Ladesäulen voran.

Pendler – Nutzung Öffentlicher Verkehrsmittel (Scope 3)

Einige unserer Einrichtungen gewähren Zuschüsse für die Nutzung des öffentlichen Nahverkehrs (zum Beispiel Job-Ticket).

Reduktion von Dienstreisen durch Einführung von Microsoft-Teams (Scope 3)

Auch die aktuell konzernweite Einführung von Microsoft-Teams (MS-Teams) trägt dazu bei, unnötige Fahrten mit Kraftfahrzeugen und der Bahn zu vermeiden und unseren ökologischen Fußabdruck zu reduzieren.

Verpflegung

Klimagourmetwoche (Scope 3)

In der Klimagourmetwoche wurden unseren Mitarbeiter:innen und Besucher:innen klimafreundliche Menüs in allen unseren Restaurants angeboten. Konkret wurde bei den Menüs auf saisonale und regionale Lebensmittel gesetzt und pflanzliche Produkte den tierischen vorgezogen. Die Klimagourmetwoche war der Auftakt, um in unseren Restaurants dauerhaft ein klimafreundlicheres Angebot zu etablieren.

Grüne Speisekarte AGAPLESION (Scope 3)

Wir haben die Mittagsspeisekarte für unsere Patient:innen im Krankenhaus seit November 2022 auf eine größtenteils vegane und vegetarische Ernährung umgestellt. Neben dem ökologischen Aspekt wirkt diese Ernährungsweise der Entstehung von diversen Krankheiten entgegen und kann darüber hinaus auch den Genesungsprozess unserer Patient:innen positiv beeinflussen. Vollständig auf Fleisch verzichten wir jedoch nicht. Die Favoriten der Fleischgerichte unserer Speisekarte (Currywurst und Schnitzel) werden weiterhin an drei Tagen in der Woche angeboten.

Waschen

Waschtemperatur (Scope 2)

Gerade sind wir in der Prüfung, inwieweit unsere Textilaufbereitung nachhaltiger gestaltet werden kann. Laut Recherchen ist die desinfizierende Reinigung bereits ab 40 Grad möglich. Wird die Waschtemperatur von 60 auf 40 Grad reduziert, können rund 50 % der Stromkosten, die im Zusammenhang mit Waschen anfallen, eingespart werden.

Dosierspender

Um das Waschen unserer Wäsche nachhaltiger zu gestalten, nutzen wir bei unseren Waschmaschinen Dosierspender. Auf diese Weise können wir sicherstellen, dass nicht mehr als die erforderliche Waschmittelmenge zu einem Waschgang dazugegeben wird.

Des Weiteren wird in einer unserer Kliniken ein Pilotprojekt mit einem Waschmittel in Pulverform durchgeführt und das Ergebnis mit dem Status-quo-Flüssigwaschmittel verglichen. Die Status-quo-Dosieranlage wird mit mindestens zwei jeweils 20 kg schweren Kanistern Flüssigwaschmittel bestückt, das zudem als gefahrstoffhaltig klassifiziert ist.

Die pilotierte Dosieranlage wird mit 4 kg schweren Patronen des Pulverwaschmittels bestückt. Dieses wird als nicht gefahrstoffhaltig eingestuft. Weitere Vorteile in der Nutzung sind eine praktischere Handhabung und ein angenehmerer Wechselvorgang durch das geringere Gewicht. Zudem ist mit dem Pulverwaschmittel nur ein Waschgang der Wäsche erforderlich (bislang zwei Waschgänge).

Die Hygiene hat die Nutzung des Pulverwaschmittels bis zu einer Wäsche von 60 Grad freigegeben. Nach erfolgreichem Abschluss des Pilotprojekts soll die Methode konzernweit ausgerollt werden.

Arbeitskleidung – Alternativen zu Baumwolle (Scope 3)

Bereits im Jahr 2015 haben wir begonnen, die Arbeitskleidung von Baumwolle auf Tencel umzustellen. Basis des Gewebes ist eine innovative Faser, die aus Holz hergestellt wird. Dieses Holz stammt aus nachhaltiger deutscher und österreichischer Forstwirtschaft und auch die Produktion ist deutlich umweltfreundlicher als die herkömmliche Produktion von Arbeitskleidung aus Baumwolle: Während für die Herstellung eines Baumwoll-Oberteils eine Anbaufläche von sechs Quadratmetern benötigt wird, können aus dieser Fläche neun Oberteile aus Tencel gewonnen werden. Zudem wird für den Baumwollanbau eine enorme Menge an Wasser benötigt.

Die Arbeitskleidung aus Tencel ist atmungsaktiver und liegt angenehmer auf der Haut des Trägers. Die meisten unserer Einrichtungen sind bereits auf die neue Arbeitskleidung umgestiegen, insbesondere in der Reinigung, in den Funktionsbereichen, in der Küche und in der Pflege. So tragen über 90 % unserer Mitarbeiter:innen im Reinigungsdienst und ca. 30–40 % in der Pflege Arbeitskleidung aus Tencel.

Der Preis liegt etwas über dem Preis der herkömmlichen Arbeitskleidung. Dieser Aufpreis wird jedoch durch die längere Haltbarkeit der Tencel-Arbeitskleidung amortisiert. Zudem kann die Arbeitskleidung am Ende ihrer Nutzungsdauer kompostiert werden.

Bau – Ökobilanz der Baumaterialien (Scope 3)

Unser Experte für Bau: **Bodo Dörr** – Leiter Zentraler Dienst Bau & Investition

Ob Sanierung, Umbau, Erweiterung, Abriss oder kompletter Neubau: Bei ihm laufen die Fäden zusammen, wenn AGAPLESION baut. Bodo Dörr ist als Experte für alle Maßnahmen zum Thema nachhaltiges Bauen, insbesondere auch Sanierung zuständig.

Holzfenster schneiden in der Ökobilanz am besten ab, gefolgt von PVC-Fenstern und Aluminiumfenstern als Schlusslicht. Da PVC-Fenster, im Gegensatz zu Holzfenstern, nicht nachgestrichen werden müssen, setzen wir auf diese bei Neubauten. Zudem sollten Sie auch das Thema Verglasung betrachten. 2-Scheiben Verglasungen haben in der Produktion eine um 40 % bessere Ökobilanz als 3-Scheiben-Verglasungen. Wird allerdings berücksichtigt, dass die Produktion maximal die Hälfte der bei der Nutzung entstehenden CO_2-Emissionen ausmacht, dann nivellieren 3-Scheiben-Verglasungen dies durch einen doppelt so guten U-Wert (Koeffizient für den Wärmeverlust) wieder. Dies zeigt die Komplexität von Einzelfallbetrachtungen.

Beim Thema Dach zeigt der Ökobilanzvergleich zwischen Dachziegeln aus Ton und Dachstein aus Beton, dass der Beton-Dachstein wegen des geringeren Brennstoffbedarfs in der Produktion besser abschneidet. Zudem werden die AGAPLESION-Neubauten in aller Regel als Flachdach mit Folienabdichtung (mit Gründachaufbau) errichtet.

Im Innenausbau schneiden Holzprodukte, Kork und Linoleum als Bodenbelag in der CO_2-Bilanz deutlich besser ab als Fliesen oder Naturstein. Auch PVC-Beläge weisen eine bessere Bilanz als Fliesen, Naturstein oder Kautschuk auf. Daher und aufgrund der Anforderungen hinsichtlich Belastbarkeit, Hygiene und Wohnlichkeit werden häufig PVC-Beläge in unseren Einrichtungen verlegt.

Unsere Fassadengestaltung erfolgt mit biozidfreien Materialien. Begrünungen auf Fassaden werden punktuell eingesetzt, da hierbei Gesichtspunkte der Hygiene, Belichtung und Pflege berücksichtigt werden. Dämmstoffe aus nachwachsenden Rohstoffen schneiden in der CO_2-Bilanz zwar besser als Mineralfasern und Dämmstoffe aus fossilen Rohstoffen ab, jedoch verfügen diese über eine schlechtere Dämmeigenschaft. Hinzu kommt, dass in unseren Gebäuden meistens der Brandschutz im Sonderbau zu beachten ist. Daher kommen bei uns überwiegend Dämmstoffe aus Mineralfasern zum Einsatz und auf Dämmstoffe aus fossilen Rohstoffen wird möglichst verzichtet.

Informationstechnologie

Minimierung von Druckern (Scope 3)

Neben einer längeren Nutzung von Hardware haben wir auch die Anzahl unserer Drucker reduziert und zentrale Druckstellen eingerichtet. Diese Umstellung hat zu einer positiven Verhaltensänderung hin zu geringeren Druckmengen geführt. Zudem bestücken wir unsere Drucker möglichst nur mit Recyclingpapier und haben bei den Standardeinstellungen den Duplexdruck in Schwarz-Weiß hinterlegt. Ergänzend wurden in einigen unserer Einrichtungen anonyme Druckerstatistiken eingeführt, um die Frequenz an Druckaufträgen und Volumina zu erheben. Die hierbei gewonnenen Daten helfen uns, weitere Maßnahmen zur Reduktion des Papiervolumens abzuleiten.

Durch den konzernweiten Einsatz von elektronischen Patientenakten konnte der Papierverbrauch zusätzlich drastisch gesenkt werden.

Umweltverträgliche Geräte (Scope 3)

Ein Arbeitsplatz, an dem das Notebook sechs anstelle von drei Jahren genutzt wird, spart über zehn Jahre ca. 390 kg CO_2 ein und reduziert die Kosten um 526 €. Bei der Produktion neuer Hardware werden deutlich mehr Emissionen freigesetzt, als die neue Hardware durch ihre höhere Energieeffizienz gegenüber älteren Geräten einsparen kann (Prakash et al. 2016). Aus diesem Grund achten wir bei AGAPLESION beim Einkauf auf langlebige und umweltverträgliche Geräte mit guter Qualität und setzen uns für die längere Nutzung von Hardware ein.

Kunststoff – Kein genereller Einsatz von Aquapaks (Scope n)

Nach Auffassung der Leilinienkonferenz ist der generelle Einsatz von Aquapaks bei der Gabe von Sauerstoff nicht zwingend erforderlich. Aquapaks wurden bisher zur Vermeidung des Austrocknens der Schleimhäute eines Patienten bei einer Sauerstoffapplikation verwendet. Dies reduziert den Verpackungsmüll, hygienebedingte Risiken werden vermieden und es spart auch noch Kosten. Für Fälle, in denen nach wie vor Aquapaks zum Einsatz kommen müssen, hat unser Expertenboard Pneumologie ein Positionspapier erarbeitet.

(Operatives) Wassermanagement

Im Bereich Bauen

Zur Verbesserung des Wasserfußabdrucks setzen wir auf die Nutzung von Regenwasser, welches als Teil des natürlichen Wasserkreislaufs einen geringeren negativen Einfluss auf unsere Oberflächengewässer und den Grundwasserspiegel hat.

Das bei Starkregen anfallende Regenwasser in den Außenanlagen wird nicht dem Abwassersystem zugeführt, sondern zur Entlastung des Abwassernetzes zurückgehalten und zur Versickerung gebracht. Dies vermindert das Ansteigen der Flusspegel (Hochwasser) und kommt zusätzlich dem Grundwasserspiegel zugute. Anfallendes Regenwasser auf den Dachflächen wird mittels eines abflussverzögernden Dränelements zurückgehalten. Dadurch wird das Abwassernetz entlastet und zusätzlich bewirkt die deutlich verzögerte Abgabe des Regenwassers, dass sich die Dachbepflanzung (extensive Begrünung) von dem Wasser bedienen und somit zur Verbesserung des Kleinklimas beitragen kann. Das anfallende Regenwasser auf den Dachflächen und versiegelten Flächen in Außenanlagen wird in unterirdischen Regenrückhaltebecken zeitverzögert dem Abwassersystem zugeführt.

NOWATER-Projekt

Im Rahmen des Projekts NOWATER (Notfallvorsorgeplanung der Wasserver- und -entsorgung von Einrichtungen des Gesundheitswesens – organisatorische und technische Lösungsstrategien zur Erhöhung der Resilienz) werden Maßnahmen zur Sicherstellung der Wasserver- und -entsorgung in Krisensituationen erarbeitet, also auch ein wichtiger Aspekt im Bereich der ökologischen Nachhaltigkeit. Das Projekt hat eine Laufzeit von April 2020 bis Oktober

2023 und wird vom Bundesministerium für Bildung und Forschung mit einem Fördervolumen von 2,37 Mio. € gefördert.

Das Ziel des NOWATER-Projekts ist es, einen praxisnahen Leitfaden für die Betreiber von Gesundheitseinrichtungen zu erstellen. Dieser wird eine Anleitung zur Durchführung von entsprechenden Risikoanalysen wie auch Hinweise zu den Möglichkeiten der Verbesserung der Resilienz des Krankenhauses beinhalten. Darüber hinaus soll zur Aufrechterhaltung einer qualitativ und quantitativ angemessenen Wasserversorgung in Krisensituationen ein Demonstrator gebaut und evaluiert werden. Die AGAPLESION FRANKFURTER DIAKONIEKLINIKEN nehmen an dem Projekt als Anwendungspartner teil.

Sparmaßnahmen in der Haustechnik: Rückbau Entnahmestellen

Entnahmestellen müssen regelmäßig gespült werden, auch wenn sie nicht genutzt werden. Daher sparen wir Wasser, indem wir nicht genutzte Entnahmestellen zurückbauen. Hier ist zu beachten, dass nicht nur die Sanitärobjekte wie Entnahmearmatur und Waschbecken demontiert werden, sondern dass der Rückbau oder die Trennung unmittelbar am letzten durchströmten Abzweig der Anlage erfolgen muss. So lange nicht genutzte Entnahmestellen vorhanden sind, müssen sie gespült werden.

Wasserverbrauch der Toilettenspülung reduzieren: Sparmaßnahmen in der Haustechnik

In einigen unserer Einrichtungen wurde der Wasserverbrauch bei der Toilettenspülung reduziert, in dem die Spülmenge gesenkt wurde.

6.1.3 Wiederverwenden

Die Stufe des Wiederverwendens beschreibt das Verwenden eines Produkts erneut für denselben Zweck. Da die Produktgestalt nicht aufgelöst wird, bleibt ein relativ großer Teil der Wertschöpfung (u. a. Material, Energie, aber auch Zeit) erhalten. Denken Sie hier zum Beispiel an Mehrweg-Geschirr oder an Wäsche, die wiederverwendet werden kann.

Bau – Kernsanierungen

Zwei Drittel der CO_2-Emissionen der Baukonstruktion bei klassischen Gebäuden stammen aus dem Rohbau. Der Erhalt des Rohbaus kann daher zu einer Einsparung von rund 6 kg/m^2 an CO_2 führen. Die graue Substanz beträgt ca. 30 % und der Betrieb ca. 70 % der CO_2-Emissionen bei einer Nutzungsdauer von 50 Jahren. Dieses Verhältnis wird sich schrittweise in Richtung 50 % graue Energie für die Errichtung und 50 % Betrieb verschieben.

Daher wird bei uns grundsätzlich die Möglichkeit geprüft, ob ein Rohbau erhalten werden kann, bevor dieser tatsächlich abgerissen wird. Bei »Kernsanierungen« von Gebäuden wird in aller Regel bis auf Rohbauniveau zurückgebaut. Alle Einbauten, Leitungen, Rohre und Anlagen werden ausgebaut und getrennt nach Material entsorgt und wenn möglich dem Wertstoffkreislauf wieder zugeführt oder bei Schadstoffbelastung entsorgt. Die Kernsanierung birgt den Vorteil, dass in diesem Zuge alte Materialien und Anlagen mit z.B. produktionsbedingten Schadstoffen entfernt werden und durch zeitgemäße (natürliche und/oder recyclebare, schadstoffarme, energieeffizientere) Materialien und Anlagen ersetzt werden. Dadurch erhält man einen neuen Lebenszyklus für die Baumaßnahme. Häufig können aufgrund des Erfordernisses »Aufrechterhaltung des laufenden Betriebes« nur Teilsanierungen/Modernisierungen durchgeführt werden. Hierbei wird dann bereits in der Planung darauf geachtet, möglichst saubere Schnittstellen zwischen alt und neu zu erhalten, um bei einer späteren Sanierung von angrenzenden Bereichen (oder Materialen oder Anlagen) keine »Doppelbearbeitung« zu riskieren.

Medizintechnik

Unser Experte für Medizintechnik: **Thorsten Daniel** – Geschäftsführer AM-Tech GmbH

Den Einrichtungen des Konzerns bietet die AMTech GmbH ein innovatives Beratungs- und Dienstleistungsangebot im Bereich der Medizintechnik an. Das Ziel ist es, Verfügbarkeit, Sicherheit und Wirtschaftlichkeit der medizintechnischen Geräte sicherzustellen. Dabei wird zunehmend Wert auf Energiesparen und das Wiederverwenden von Medizintechnik gelegt.

Gerätebörse und Weitergabe von Geräten

Unsere Medizintechnik hat eine interne Gerätebörse aufgebaut. Über diese können Medizinprodukte, die in einer Einrichtung nicht mehr benötigt werden, an andere Einrichtungen im Konzern weitergegeben werden. Zudem werden Geräte, die bei uns nicht mehr genutzt werden dürfen, die aber noch sicher und funktionsfähig sind, weiter an Drittländer gegeben. Mehr Informationen dazu finden Sie auch unter Kapitel 6.2.3, da dies ebenso die soziale Nachhaltigkeit fördert (▶ Kap. 6.2.3).

Upgrade von Großgeräten und Reparatur

Unsere Medizintechnik legt besonderen Wert auf eine lange Nutzungsdauer von Großgeräten, aber auch von kleineren Geräten und Medizinprodukten. Sie achtet schon beim Kauf von Medizintechnik darauf, dass diese möglichst langfristig genutzt oder durch die eigene Reparaturwerkstatt repariert werden kann (Infusionstechnik, Narkose- oder Beatmungsgeräte, Blutdruckmessgeräte u. v. m). Bei Großgeräten wird geprüft, ob diese durch ein Upgrade weitergenutzt werden können, anstatt eines Neukaufs.

Mehrwegbehälter – im Bereich Catering

In unseren Betriebsrestaurants und Cafeterien bieten wir zunehmend Mehrwegbehälter für Getränke und Speisen zum Mitnehmen an. Gegen Pfand können die Mehrwegbehälter durch unsere Patient:innen, Bewohner:innen, Mitarbeiter:innen und Gäste genutzt werden. Die Mehrwegbehälter entsprechen den hygienischen Standards und sind spülmaschinengeeignet.

Reinigung – Vier-Farben-System Microfasertücher

Unsere Reinigungskräfte nutzen in den Einrichtungen das Vier-Farben-System der Reinigung mit wiederverwendbaren Mikrofasertüchern. Das Farb-System wie auch die Wiederverwendbarkeit der Tücher bietet zahlreiche Vorteile. Zunächst müssen die Mikrofasertücher im Gegensatz zu vorgetränkten Wischtüchern nicht nach einmaligem Verwenden entsorgt werden. Dies hat sich neben dem Umweltaspekt insbesondere während Corona durch Lieferschwierigkeiten bei den Einmaltüchern als zentraler Vorteil herausgestellt. Darüber hinaus ist unser Reinigungskonzept für unsere Patient:innen aufgrund der farblichen Differenzierung verständlicher und ermöglicht einfache Schulungen unserer Mitarbeiter:innen.

6.1.4 Wiederverwerten

Die Stufe des Wiederverwertens beschreibt die Auflösung der Produktgestalt bis zu den einzelnen Materialkomponenten und das Wiederverwerten des Materials für denselben Einsatzzweck. Also aus Kunststoffbechern wieder Kunststoffbecher zu machen.

Transportverpackungen (Scope 3)

In unserem Logistikzentrum in Obertshausen werden die riesigen Mengen an Transportverpackungen zu großen Ballen gepresst. Diese werden an die Hersteller von recycelten Verpackungsmaterialien verkauft. Die hierdurch erzielten Erlöse decken die Mietkosten der Ballenpressen ab.

6.1.5 Weiterverwerten

Die Stufe des Weiterverwertens beschreibt, wenn die einzelnen Materialkomponenten zurück in den Stoffkreislauf gebracht werden und die Umwandlung zu einem neuen Werkstoff erfolgt. Also aus Papierabfällen Kartonagen hergestellt werden.

Energie – Biogas aus Speiseresten (Scope 1)

Unsere Speisereste geben wir in eine Biogasanlage. Durch die Vergärung der Biomasse wird Biogas erzeugt. Dieses kann in einem Blockheizkraftwerk für die Strom- und Wärmeerzeugung genutzt werden.

Bau – Fußboden der Großküche (Scope 3)

In unserer Großküche im AGAPLESION Logistikzentrum wird durch den aus alten Reifen hergestellten Fußboden der Geräuschpegel deutlich reduziert und eine wesentlich angenehmere Raumtemperatur erreicht.

6.1.6 Neutralisieren

Maßnahmen im ESRS-Handlungsfeld E4 Biodiversity and ecosystems lassen sich in dem Sinne nicht in die Nachhaltigkeitskaskade einordnen. Sie dienen aber der Neutralisation, also der gezielten Entnahme von CO_2 aus der Erdatmosphäre.

Bienen-/Insektenhotels

In den letzten Jahren wurde der natürliche Lebensraum von Bienen und Insekten durch Habitatvernichtung zunehmend reduziert. Bienen und Insekten sind jedoch entscheidend für fast alle Ökosysteme auf unserer Erde. Durch ihre Rolle in der Bestäubung von Blüten haben sie einen enormen Einfluss auf die Biodiversität der Pflanzen. Zudem sind sie für die Produktion vieler Lebensmittel mit verantwortlich. Daher haben wir im Rahmen einer Aktion Bienen- und Insektenhotels zusammen mit einer Packung Wildblumensamen an unsere Einrichtungen versendet. Das Bienen- und Insektenhotel ist eine künstliche Nist- und Überwinterungshilfe für zahlreiche Nützlinge, wie z. B. Bienen, Schmetterlinge oder Marienkäfer. Zudem bietet es eine hervorragende Möglichkeit für uns Menschen, die Tiere in ihrem natürlichen Lebensraum zu beobachten. Die Bienen und Insekten nisten sich in dem Füllmaterial der Hotels ein, bekämpfen auf natürliche Weise Schädlinge und bestäuben die Blüten in den umliegenden Gärten.

Bäume pflanzen

Wir haben konzernweit auf den Geländen unserer Einrichtungen Obstbäume gepflanzt. Bäume stehen für das Leben und sinnbildlich für unsere gemeinsame Tradition. Diese wurzelt in unseren Einrichtungen in der Diakonie. Unsere Tradition, unsere Zusammenarbeit und unsere Bäume sollen nachhaltig Früchte tragen und die Bäume gleichzeitig CO_2 aus der Atmosphäre binden.

Minimierung der Versiegelung und Begrünung der Flächen

Das Versiegeln von Flächen wird auf das mögliche Mindestmaß reduziert und lediglich dort durchgeführt, wo es aufgrund der Anforderung an die Nutzung nicht anders möglich ist, wie zum Beispiel auf Fahrstraßen, Anlieferungshöfen oder barrierefreien Gehwegen. Wenn möglich werden Beläge verbaut, die für anfallendes Regenwasser durchlässig sind. Hierzu zählt offenporiger Betonbelag für anspruchsvolle Gehwege (z.B. im Gerontogarten). Ergänzend werden Kunststoffgitter aus recyceltem Material zum Befestigen von Feuerwehrzufahrten oder Feuerwehraufstellflächen eingesetzt. Hierdurch erfolgt keine zusätzliche Flächenversiegelung, das Wasser kann an Ort und Stelle versickern und begrünte Feuerwehrzufahrten werden als Rasenflächen wahrgenommen. Ergänzend setzen wir auf wasserdurchlässiges Pflaster, z.B. im Bereich von Parkplätzen mit Moos und Pflanzenbewuchs. Diese Maßnahmen tragen zur Erhaltung des grünen Kleinklimas bei.

Unsere Außenanlagen werden möglichst hochwertig geplant und mit standorttauglichen Pflanzen versehen, sodass die Pflege der Außenanlage möglichst naturnah erfolgen kann. Die Begrünung der Dachflächen nimmt eine zentrale Rolle bei unseren Baumaßnahmen ein: Hierdurch wird das Kleinklima verbessert, das anfallende Regenwasser fließt nicht sofort ab und die eingebaute Dachabdichtung wird nicht der UV-Strahlung ausgesetzt, was deren Lebensdauer positiv beeinflusst. Die begrünten Flächen auf Dächern sorgen daneben für mehr Biodiversität, helfen Insekten sowie anderen Kleinstlebewesen und entziehen der Luft ganz natürlich das CO_2.

6.2 Soziale Nachhaltigkeit

Die soziale Komponente der Nachhaltigkeit steht nicht primär im Fokus unseres Buches. Dennoch möchten wir Ihnen einen kleinen Einblick geben, wie wir dieses wichtige Thema angehen.

6.2.1 Eigene Belegschaft (S1)

Das Handlungsfeld »Eigene Belegschaft« zielt auf die Verbesserung der Arbeitsbedingungen (u.a. Aus- und Weiterbildung, Arbeits- und Gesundheitsschutz, Work-Life-Balance), Chancengleichheit (Schutz vor Diskriminierung,

Gleichbehandlung) und andere arbeitsbezogene Rechte (Privatsphäre, Kollektivverhandlungen) ab. Maßnahmen in diesem Bereich unterstützen also Ihre Attraktivität als Arbeitgeber.

AGAPLESION hat in diesem Zusammenhang zum sechsten Mal in Folge eine Spitzenpositionierung bei LEADING EMPLOYER erreicht. Wir gehören zu den LEADING EMPLOYER 2023 und damit zu den Top 1% aller Arbeitgeber in Deutschland. Bei LEADING EMPLOYER handelt es sich um eine unabhängig durchgeführte Untersuchung auf der Basis von mehreren Millionen Metadaten. Insgesamt fanden in der Untersuchung über 160.000 Unternehmen Berücksichtigung.

Diversität

Für uns als christlicher Gesundheitskonzern nimmt Diversität seit jeher eine zentrale Rolle in der werteorientierten Unternehmenskultur ein. Mit der Unterzeichnung der »Charta der Vielfalt« haben wir bekräftigt, dass die Vielfalt unserer Gesellschaft mit allen ihren Facetten und Biografien ein integraler Bestandteil unserer Unternehmenskultur ist. Mit der Unterzeichnung verpflichten wir uns, alle Mitarbeiter:innen, Patient:innen und Bewohner:-innen – unabhängig von Geschlecht, Nationalität, ethnischer Herkunft, Religion oder Weltanschauung, körperlicher Beeinträchtigung, Alter, sexueller Orientierung und Identität – gleich zu behandeln.

In einigen unserer Einrichtungen sind bereits Diversitätsmanager:innen im Einsatz. Zusätzlich arbeiten wir an einem ganzheitlichen Schulungs- und Fortbildungsprogramm, welches den Mitarbeiter:innen Wissen rund um kultursensible Pflege und Betreuung sowie diskriminierungssensible Impulse vermitteln soll.

Ausbildung

Bereits 2005 gründeten wir in der Anfangsphase unseres Konzerns in Frankfurt eine erste Pflegeschule. Mittlerweile gehören 15 Ausbildungsstätten unserem Verbund an: Vom hohen Norden (Hamburg und Rotenburg), über den Westen (Hagen) und Osten (Leipzig und Chemnitz) bis nach Frankfurt. Daneben stehen wir in Kooperation mit zahlreichen Pflegeschulen auf regionaler Ebene. Ziel ist es, unseren Auszubildenden eine große Bandbreite an Fachdisziplinen zu bieten und sie nach erfolgreich bestandener Prüfung zu übernehmen. Das AGAPLESION BILDUNGSZENTRUM FÜR PFLEGEBERUFE RHEIN-MAIN ist eine der großen Pflegeschulen in Frankfurt am Main und hat zwei Standorte. Insgesamt stehen 350 Plätze für die Ausbildung zur Pflegefachfrau/

zum Pflegefachmann und für die Ausbildung zur Altenpflegehelferin/zum Altenpflegehelfer zur Verfügung. Für bereits examinierte Pflegekräfte besteht die Möglichkeit, bei uns die Weiterbildung Praxisanleitung und die Fachweiterbildung Intensiv- und Anästhesiepflege zu absolvieren.

Wir verfügen mit 15 akademischen Lehrkrankenhäusern über eine ausgezeichnete Vernetzung mit Forschungs- und Lehrinstitutionen, auch im universitären Umfeld. Unsere leitenden Ärzt:innen sind national und zum Teil international renommierte Expert:innen in ihrem Fachgebiet. Unsere akademischen Lehrkrankenhäuser bieten Student:innen im Praktischen Jahr eine umfassende und gründliche medizinische Ausbildung in den Pflichtfächern Chirurgie und Innere Medizin. Darüber hinaus bieten wir auch in verschiedenen Wahlpflichtfächern, wie z. B. Anästhesiologie, Geriatrie und Orthopädie, Ausbildungsangebote an.

Fort- und Weiterbildung

Die AGAPLESION AKADEMIE ist eine überregionale Weiterbildungseinrichtung für Gesundheitswesen und Altenhilfe mit dem Schwerpunkt Geriatrie. Mittlerweile ist die Akademie auch zentraler Ansprechpartner für Weiterbildung für alle unsere Einrichtungen im AGAPLESION Konzern.

Die Akademie bietet ihre Leistungen auch als Inhouse-Seminare und Direktangebote (Führungskräftetraining, Kulturentwicklung etc.) an. Ziel der praxisorientierten Fortbildungen ist die Entwicklung und Vertiefung der professionellen Kompetenz der verschiedenen Fachdisziplinen und die Stärkung der interdisziplinären Zusammenarbeit. Zeitgemäße und praxisorientierte Lernwege zu gehen und offen zu sein für die individuellen Anliegen der Teilnehmer:innen, sind dabei besondere Stärken unserer Akademie. Die Akademie erhielt den Oberin-Line-Fresenius-Preis für ihr herausragendes Angebot zu den Themen Demenz und Palliative Care und wurde mehrfach vom International Training Center Rating® (ITCR) mit der Höchstbewertung von 5 Sternen Premium ausgezeichnet.

Neben dem gesamten Bildungsangebot der AGAPLESION AKADEMIE bieten wir über die digitale Plattform »AGA Lernwelt« Weiterbildungsmöglichkeiten an, die unterschiedliche Lernformen (u. a. E-Learning, Online-Seminare) umfassen. Neben Pflichtfortbildungen zu den Themen Datenschutz und Informationssicherheit, Brandschutz, Arbeitssicherheit und Compliance stehen auch Schulungen zu Software-Programmen (Krankenhausinformationssysteme, Office-Anwendungen, roXtra, Buchhaltungsprogramme), zur Personalentwicklung sowie zu Hygiene/Infektionsmanagement zur Verfügung. Auch Pflegekräfte oder das ärztliche Personal können berufsgruppenspezifische

Schulungsmaterialien auf Basis aktueller wissenschaftlicher Erkenntnisse nutzen.

Gesundheitsschutz

AGAPLESION unterstützt an vielen Standorten bundesweit das sportliche, kulturelle und kreative Engagement der Mitarbeiter:innen und bietet vielfältige Präventions- und Sportprogramme an. Beispielhaft sei hier das »5-Säulen-Aktiv-Programm« genannt, welches aus den Themenfeldern Bewegung, Ernährung, Kreativität, Kultur und Prävention besteht. Ob regelmäßiger Lauftreff, eine Besichtigung kultureller Orte, ein Kochkurs zum Thema skandinavische Küche, Wirbelsäulengymnastik oder abstraktes Malen mit Acryl – hier finden alle Mitarbeiter:innen etwas, was ihnen gut tut. An unserem Standort in Frankfurt werden durch das Angebot verschiedener Kochkurse Tipps und Tricks vermittelt, die zu einer gesunden Ernährung beitragen. Wir unterstützen auch den J. P. Morgan-Lauf in Frankfurt, an dem jährlich viele AGAPLESION Mitarbeiter:innen aus ganz Deutschland teilnehmen.

6.2.2 Arbeitnehmer in der Wertschöpfungskette (S2)

Das Handlungsfeld »Arbeitnehmer in der Wertschöpfungskette« zielt auf die Verringerung negativer sowie auf die Förderung positiver Auswirkungen auf die Arbeitnehmer:innen entlang der gesamten Wertschöpfungskette ab, vor allem Arbeiternehmer:innen in vor- und nachgelagerten Aktivitäten.

Mit dem zum 1. Januar 2023 in Kraft getretenen Lieferkettensorgfaltspflichtengesetz (LkSG) werden erstmals klare Anforderungen für die unternehmerische Sorgfaltspflicht entlang der gesamten Lieferkette definiert. Ziel des LkSG ist es, den Schutz der Menschenrechte in den globalen Lieferketten zu verbessern. Das Gesetz adressiert die Einhaltung von sozialen Mindeststandards. Hierzu zählen insbesondere Verbote zur Kinder- oder Zwangsarbeit, die Missachtung des Arbeits- und Gesundheitsschutzes, das Vorenthalten eines angemessenen Lohns oder das Verwehren des Zugangs zu Nahrung und Wasser. Dafür sind Risikomanagementsysteme zu etablieren, um die Risiken von Menschenrechtsverletzungen und Schäden der Umwelt zu identifizieren, zu vermeiden oder zu minimieren (Bundesministerium für Arbeit und Soziales 2022).

Auch für uns bei AGAPLESION ist der Schutz der Menschenrechte ein zentraler Pfeiler unserer Unternehmensphilosophie und wir setzen uns für faire Lieferketten ein. So laufen aktuell 95 % unserer Lieferkettenverträge unseres Logistikzentrums über Clinicpartner. Die Verträge von Clinicpartner mit seinen Lieferanten werden künftig Anforderungen zum Lieferkettengesetz und der umweltschonenden Herstellung von Produkten enthalten. Parallel wird an einer Risikoanalyse/einem Konzept für die Umsetzung des Lieferkettengesetzes gearbeitet.

Grundsätzlich haben wir schon seit Jahren Kriterien zur Nachhaltigkeit in unseren Lieferantenauswahl- und -bewertungsvorlagen integriert. Diese werden im Rahmen des Aufbaus des Nachhaltigkeitsmanagements gerade noch einmal geprüft und ggf. weiter ausgebaut.

Daneben betreiben wir Kooperationen mit zertifizierten Partnern mit dem Nachhaltigkeitssiegel »Grüner Knopf«, die auf die Sicherstellung ökologischer und sozialer Bedingungen bei der Textilproduktion und der hygienischen Aufbereitung achten.

6.2.3 Betroffene Gemeinden (S3)

Das Handlungsfeld »Betroffene Gemeinden« zielt auf die Verringerung negativer sowie auf die Förderung positiver Auswirkungen auf lokale Gemeinden entlang der gesamten Wertschöpfungskette ab.

Stiftung

Im Jahr 2018 haben wir eine eigene Stiftung für soziales Engagement gegründet. Die AGAPLESION Stiftung fördert die Entwicklung des Gesundheitswesens, der Gesundheits- und Altenpflege im In- und Ausland ebenso wie die Aus-, Fort- und Weiterbildung sowie die Wissenschaft und Forschung.

Unsere erste Unterstützung erfolgte für ein Krankenhaus in Ghana, das der methodistischen Kirche vor Ort angehört. Mehrere Container mit (medizin-)technischen Geräten, Instrumenten und Verbrauchsmaterialien wurden seit Beginn der Kooperation dorthin verschifft. Neben der Anschaffung weiterer Gerätschaften steht vor allem der persönliche und fachliche Austausch im Vordergrund der Kooperation.

Unsere Mitarbeiter:innen haben die Möglichkeit, die AGAPLESION Stiftung finanziell zu unterstützen. Auf freiwilliger Basis können sie von ihrem monatlichen Nettogehalt den Rest-Cent-Betrag nach dem Komma spenden. Bei über 22.000 Mitarbeiter:innen kann so ein ordentlicher Spendenbetrag zusammenkommen. Die Spende ist nicht projektbezogen, sondern unterstützt die grundsätzliche Arbeit der Stiftung.

Hilfsprojekte – Ein Beispiel (von vielen) aus einer unserer Einrichtungen

Das AGAPLESION MARKUS KRANKENHAUS in Frankfurt übernimmt im Rahmen des Hilfsprojekts Friedensdorf International jährlich die Behandlungskosten für ein Kind aus Kriegs- und Krisengebieten. Ein Beispiel ist ein Kind aus Usbekistan. Als Sechsjähriger hatte der kleine Junge bei einer Gasexplosion schwerste Verbrennungen davongetragen. Trotz mehrfacher Operationen in einem Krankenhaus vor Ort kam es zu starken Vernarbungen. Den Ärzt:innen des AGAPLESION MARKUS KRANKENHAUS gelang es bei Operationen 2019 und 2021, das starre Narbengewebe zu lösen und durch Hauttransplantationen nicht nur die Beweglichkeit wiederherzustellen, sondern auch sein linkes Ohr zu rekonstruieren.

Projekt »Würde im Alter«

Das Programm »Würde im Alter« der Stadt Frankfurt fördert Projekte, welche die psychosoziale Betreuung von Bewohner:innen in stationären Einrichtungen nachhaltig verbessern. In unseren Frankfurter Wohn- und Pflegeeinrichtungen werden die Pilotphasen fünf innovativer Projekte finanziell unterstützt.

1. »Sorgende Gemeinschaft«: Dieses Projekt fördert die Integration der Einrichtungen in die Nachbarschaft.
2. »Tagesoase«: Dieses Projekt richtet sich an immobile Bewohner:innen mit weit fortgeschrittener Demenz in ihrer letzten Lebensphase.
3. »Diversität«: Dieses Leuchtturmprojekt soll nicht nur die Vielfalt in den Einrichtungen hinsichtlich sexueller Identität, der Generationen, der Kulturen und der Religiosität repräsentieren, sondern auch die Veränderung der inneren Haltung bei allen Beteiligten bewirken.
4. »Inklusion«: Dieses Projekt verfolgt das Ziel, die Sinne schwerstpflegebedürftiger Bewohner:innen zu aktivieren und deren soziale Teilhabe zu fördern, um depressive Tendenzen aufzufangen.
5. »Seniorenlotsen«: Dieses Projekt ist in Zusammenarbeit mit ehrenamtlichen Seniorenbegleiter:innen entstanden und bietet ein Beratungsangebot für Senior:innen im Quartier.

Möbelspenden

Beim Umzug unseres AGAPLESION Heimathauses in den Neubau sind Pflegebetten, Nachttische, medizinische Hilfsmittel (Lifter, Rollstühle und Rollatoren) sowie Büroausstattung übriggeblieben. Im Rahmen des Projekts »Miteinander – Füreinander« wurde in Zusammenarbeit mit dem Malteser-Hilfsdienst das gut erhaltene Mobiliar nach Rumänien und in die Ukraine transportiert und dort weiterverteilt. Weitere Spenden und Transporte von Betten mit Zubehör, Großküchen und losem Mobiliar aus unseren Einrichtungen sind geplant.

6.2.4 Konsumenten und Endnutzer (S4)

Das Handlungsfeld »Konsumenten und Endnutzer« zielt auf die Verringerung negativer sowie auf die Förderung positiver Auswirkungen auf Konsumenten und Endnutzer ab.

Meinungsmanagement und Patientenfürsprecher

AGAPLESION nutzt den aktiven Umgang mit Meinungen aller Interessensgruppen als Chance zur Qualitätsverbesserung, Steigerung der Zufriedenheit und Kundenbindung. Das Meinungsmanagement umfasst interne (Mitarbeiter:innen) und externe Kund:innen (Patient:innen, Bewohner:innen, Angehörige, Besucher:innen, Kooperationspartner usw.). Die Aufgabe des Meinungsmanagements ist es, sämtliche Meinungsäußerungen, wie Lob und Anregungen/Beschwerden, zu managen.

Für das Meinungsmanagement bieten wir unterschiedliche Kanäle an. Zu dem persönlichen Gespräch zählen sowohl Dialoge vor Ort als auch Kontaktaufnahmen per Telefon. Hierbei können auch Personen einbezogen werden, die die Kommunikation koordinieren oder Klärungen herbeiführen. Neben dem persönlichen Gespräch besteht die Möglichkeit, auf der AGAPLESION Homepage auf einem Online-Meinungsbogen anonym oder auch unter Angabe persönlicher Daten eine Meinung zu äußern. Meinungen werden ebenfalls per Brief, Mail oder über Soziale Medien und Plattformen entgegengenommen.

Unterstützt werden Patient:innen zudem von unabhängigen Patientenfürsprecher:innen, die bereits etablierte Strukturen im Bereich des Meinungsmanagements ergänzen und die Anliegen und Beschwerden der Patient:innen und Angehörigen entgegennehmen. Die Patientenfürsprecher:innen prüfen die vorgebrachten Anliegen und tragen zur Klärung von Beschwerden und Konflikten zwischen Patient:innen und unseren Mitarbeiter:innen bei.

7 Nachhaltige Nachhaltigkeit

Bis hierhin war es unser Ziel, Ihnen hoffentlich interessante und vielfältige Informationen zu geben, Sie zu motivieren und vor allem deutlich zu machen, dass Nachhaltigkeit Ihre Gesundheitseinrichtung enorm voranbringen wird. Jetzt müssen Sie selbst Ihres Glückes Schmied werden, egal welchen Beruf Sie an welcher Stelle in Ihrer Organisation auch immer ausüben.

Es geht um nicht weniger als darum, die Nachhaltigkeit nachhaltig zu verankern.

»Nachhaltig die Zukunft gestalten«

»Der beste Weg, die Zukunft vorherzusagen, ist, sie zu gestalten«, sagte einst Willy Brandt. Und er hatte Recht. Denn zukünftige Entwicklungen können wir oftmals durch Entscheidungen beeinflussen, die wir in der Gegenwart treffen. Entscheidungen für höhere Zinsen etwa bedeuten mehr Zukunft für traditionelle Spareinlagen. Mehr Geld für die Erforschung von mRNA-Impfstoffen bedeutet weniger Zukunft für Covid-19. Und mehr politische Entscheidungen zugunsten von Gaskraftwerken bedeuten weniger Zukunft für das grönländische Packeis.

Wer es daher liebt, noch viel Zukunft vor sich zu haben, sollte sie nachhaltig gestalten. Denn Nachhaltigkeit ist der Schlüssel zu unserer Zukunft – politisch, wirtschaftlich und gesellschaftlich. Für Individuen, Unternehmen und ganze Volkswirtschaften. Nachhaltigkeit ist mithin kein Trend, sondern Ausdruck einer Haltung, die alle Entscheidungen leitet und das tägliche Handeln prägt. Erst wenn dies gelingt, gelingt Zukunft – für eine nachhaltig lebenswerte Gesellschaft.«

Thomas Katzenmayer, Vorstandsvorsitzender der Evangelischen Bank

7.1 Ehrliche Kommunikation über die Kehrtwende

Führungspersönlichkeiten sehen die Zukunft voraus und sie helfen anderen, sich ebenfalls ein Bild von der Zukunft zu machen. Sie geleiten ihre Mitarbeiter:innen durch unerwartete Situationen und inspirieren sie, sich nach einer nachhaltigen Zukunft zu sehnen. Die Aufgabe einer Führungskraft besteht darin, durch empathische Kommunikation den Weg der Veränderung für ihr Team zu erhellen.

Führungspersönlichkeiten sehen die Zukunft jedoch nicht nur voraus, wie Sie bereits wissen. Sie gestalten aktiv und bringen ihr Unternehmen voran. Jedes gesunde Unternehmen sollte fortwährend in Bewegung sein, neue Zukunftsszenarien entwerfen und sich dorthin bewegen. Das gilt ganz besonders für die Nachhaltigkeit – ein Thema, das sich sehr rasant wandelt, aber doch in seiner existenziellen Bedeutung dauerhaft stabil bleibt.

Wir haben uns bereits im Zusammenhang mit einem ausgreifenden Denken mit dem Lebenszyklus befasst. Er gilt natürlich auch für Organisationen, die ständig im Wandel sind. McKinsey hat vor vielen Jahrzehnten die sogenannte S-Kurve erfunden, die den Weg vom derzeitigen Zustand in die künftige Position zu beschreiben versucht. Innovation und Zeit sind die beiden Achsen, innerhalb derer sich Unternehmen bewegen (▸ Abb. 39).

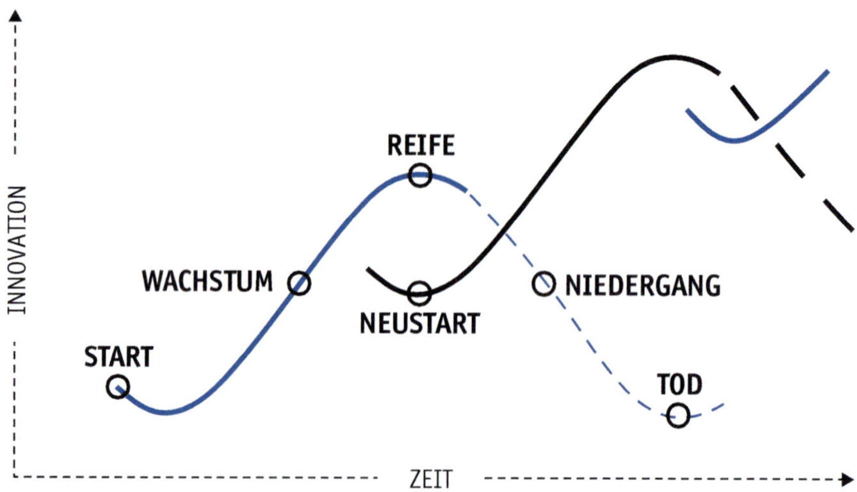

Abb. 39: S-Kurve (Duarte und Sanchez 2017)

Die über fast alles entscheidende Phase, in der sich viele Gesundheitsunternehmen heute befinden, ist die der Reife. Die spannende Frage und eine Managementaufgabe allerersten Ranges ist es, Niedergang und Tod des Unternehmens abzuwenden. Dies gelingt nur durch Innovation, durch einen beherzten Sprung in eine neue Zukunft. Logisch, dass diese nicht 1:1 an die alte Situation anknüpfen kann. Altes muss aufgegeben, Neues gelernt werden.

Auch davon haben wir bereits geschrieben. Die Widerstände, die Sie als Gesundheitsmanager:in überwinden müssen, sind erheblich.

Gelingen kann der Sprung in die neue nachhaltige Zukunft nur dann, wenn Sie den Wandel überzeugend kommunizieren, die Phase des Abschieds überwinden helfen. Denn die meisten würden sich lieber ihren aktuellen Aufgaben widmen und ihr Pensum abarbeiten, als sich auf etwas Neues einzulassen, das womöglich hart und riskant ist.

Eine ehrliche Kommunikation über die Kehrtwende in die nachhaltige Zukunft ist daher Ihre wichtigste Aufgabe.

7.2 Ein Nachhaltigkeitsmanifest

Die Häufung der Krisen in den zurückliegenden wenigen Jahren hat uns Erstaunliches gezeigt: Bei allen Entbehrungen konnten viele Menschen der mit den Krisen verbundenen Entschleunigung und auch dem teilweise notwendigen Verzicht etwas abgewinnen.

Die eine legte einen Garten an, der andere begann Brot zu backen oder verbesserte seine Kochkunst. Es scheint, als könnten wir Verminderung oder gar Verzicht, wenn es notwendig ist. Das macht uns großen Mut. Denn Verminderung von Energie und Material sind die beiden basalen und effektivsten Nachhaltigkeitsstrategien, wie Sie bereits wissen. Grüße von der Entropie!

Lassen Sie uns auch in unseren Unternehmen die große Chance ergreifen und alle mitnehmen. In einem großen Manifest, also einer öffentlichen Erklärung unserer Ziele und Absichten. Motivierende Reden sind nötig, aber nicht ausreichend, um etwas zu verändern. Wichtig ist es, den Zukunftsentwurf schriftlich auszudrücken. Das klärt die Gedanken und macht sie, was noch viel wichtiger ist, anderen zugänglich.

Ihr Nachhaltigkeitsmanifest muss kein dickes Buch sein (wie wir es geschrieben haben, um Sie und alle Mitarbeiter:innen bei AGAPLESION wachzurütteln und mitzunehmen). Eine schöne Grafik, ein Bild, Symbole und eine kurze Beschreibung dessen, was für Sie und Ihr Unternehmen besonders wichtig ist, reicht völlig aus. So etwas wie ein Nachhaltigkeits-Leitbild. Wir nennen es Nachhaltigkeitsmanifest.

Wenn Sie Ihr Papier dann auch noch in einer feierlichen, bedeutenden Zeremonie vorstellen, haben Sie eine wichtige Basis für das Nachhaltigkeitsmanagement Ihres Unternehmens gelegt – Ihr Nachhaltigkeitsmani-Fest (▶ Abb. 40).

Abb. 40: Nachhaltigkeitsmani-Fest

7.3 Nachhaltigkeit in 3–5 Jahren

Nachhaltigkeit wird im Gesundheitswesen in spätestens ein bis zwei Jahren vollkommen angekommen sein. Davon sind wir überzeugt. Schon jetzt gibt es auf jedem Kongress im Gesundheitswesen Panels zu Nachhaltigkeit oder Teilaspekten wie Green-IT. Zudem werden die meisten Unternehmen in den nächsten Jahren berichtspflichtig und müssen sich daher mit dem Thema beschäftigen.

Ebenso wird vermutlich die Internalisierung externer Kosten zunehmen, d.h. die durch Umweltbelastungen auftretenden externen Kosten werden verursachungsgerecht zugerechnet. Es gilt also, unnötige weitere Belastungen zu verhindern oder aber auch sich so aufzustellen, dass man überhaupt noch öffentliche Fördermittel in Anspruch nehmen kann, wenn diese an die Prüfung von Nachhaltigkeitsaspekten bei der Vergabe geknüpft werden.

Nachhaltigkeit ist dabei kein separates Thema, das nur von einer Abteilung oder von einzelnen Personen bearbeitet werden wird. Nachhaltigkeit ist ein klassisches Querschnittsthema und betrifft, ähnlich wie es bei der Digitalisierung der Fall war, alle Unternehmensbereiche. Jeder Unternehmensbereich und jeder Standort eines Unternehmens werden sich zwangsläufig mit Nachhaltigkeit beschäftigen müssen. Zum einen, weil Kund:innen und Mitarbeiter:innen es fordern. Zum anderen, weil die Regulatorik es notwendig macht.

Nachhaltigkeit muss Alltag werden. Wenn Sie im Privaten einkaufen gehen, wenn Sie sich auf den Weg zur Arbeit machen oder einen Urlaub planen: Alle drei Ebenen der Nachhaltigkeit sollten bei Ihrer Entscheidungsfindung mitberücksichtigt werden. Und genauso müssen wir es auch im Arbeitsalltag machen. Wenn wir neue Produkte anschaffen, über Projekte entscheiden oder Verbesserungen anstreben. Die Frage ist auch, müssten wir nicht sogar die ökologische Perspektive über die anderen beiden Dimensionen der Nachhaltigkeit stellen?

Um diese aber noch besser beurteilen zu können, benötigen wir viel mehr Zahlen, Daten, Fakten. Derzeit ist, was den Lebenszyklus von Produkten angeht, oftmals noch nicht klar, wie nachhaltig das Produkt wirklich ist. Wir brauchen eine viel bessere Datenbasis über alle Branchen hinweg, um auch informiert handeln und entscheiden zu können.

Eine Sache, die mir (Claudia Möller) aus meiner Innovationssicht noch wichtig ist: Wir haben oben kritisch hinterfragt, ob man das Klima und die Umwelt überhaupt schützen kann. Derzeit nicht, wie wir festgestellt haben. Ob das aber auch noch für die Zukunft gilt? Warum sollten wir (also die vielen schlauen Menschen in unserem Land und auf der ganzen Welt) nicht etwas erfinden, das uns zum Beispiel hilft, die Ozonschicht zu ersetzen oder Kunststoff rückstandsfrei zu zersetzen. Ich glaube fest daran, dass wir dafür Lösungen finden können. Das ist meine Vision einer nachhaltigeren Zukunft.

8 The End

Jetzt haben Sie es geschafft. Sie sind durch und hoffentlich konnten wir Ihnen ein Lächeln ins Gesicht zaubern – wenigstens an manchen Passagen.

Wir alle haben unterschiedliche Rollen: Wir sind Bürger:innen, Familienmitglieder, wir sind Freunde und haben Freunde, wir sind im beruflichen Kontext unterwegs und viele von uns sind auch gesellschaftlich engagiert. Kurzum: Wir sind Menschen in einer großen Welt und alles von uns Geschriebene gilt für alle Dimensionen unseres komplexen, komplizierten und hoffentlich erfüllten, guten Lebens.

In unserem beruflichen Kontext haben wir, die wir in der Gesundheitswirtschaft tätig sind, eine ganz besonders wertvolle Aufgabe. Eine krisensichere, eine nicht exportierbare und eine unverzichtbare, mit sehr hohem gesellschaftlichem Nutzen obendrein.

Lassen Sie uns daher unsere große Verantwortung wahrnehmen. Eigentlich ist es ganz einfach: mit möglichst wenig Energie- und Materialeinsatz die Gesundheitsversorgung so zu organisieren, dass sie den Patientinnen und Patienten ein Optimum an Lebensqualität zurückgibt. Das ist unsere Aufgabe – nicht mehr, aber auch nicht weniger. Das ist nachhaltiges Arbeiten. Notwendig, erfüllend und allemal lohnenswert.

Uns hat es mit sehr großer Freude erfüllt, dieses Buch zu schreiben, und Sie hoffentlich mit genauso großer Freude, dieses Buch zu lesen.

Wir sagen Ihnen herzlichen Dank.

9 Exkurs

In unserem Exkurs möchten wir Ihnen in einer kleinen Zusammenfassung kurz die bisherigen Meilensteine der Internationalen und Nationalen Zielsetzungen zum Thema Nachhaltigkeit näherbringen (▶ Abb. 41).

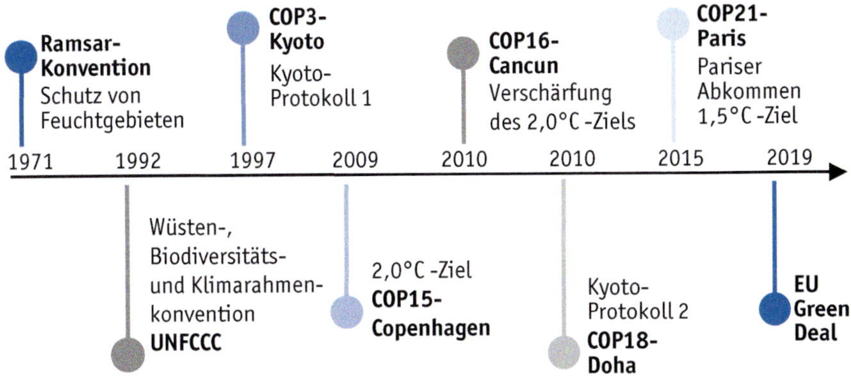

Abb. 41: Nachhaltigkeitsentwicklungen

Ramsar-Konvention

Das Übereinkommen zum Schutz von Feuchtgebieten internationaler Bedeutung wurde 1971 in der iranischen Stadt Ramsar beschlossen und wird deshalb auch als Ramsar-Konvention bezeichnet (WWF 2020).

Heutzutage gehören Feuchtgebiete zu den am stärksten bedrohten Ökosystemen der Welt. Etwa die Hälfte der Gebiete wurde im 20. Jahrhundert vom Menschen trockengelegt.

Konsequenzen des Verlustes sind Knappheit von Trinkwasser und extreme Hochwasserereignisse. Der Schutz von Feuchtgebieten dient Umwelt und Mensch.

Zu den Aufgaben der Konvention zählen die nachhaltige Nutzung und der Schutz der Feuchtgebiete weltweit.

Deutschland ist seit 1976 Vertragsstaat und demnach dazu verpflichtet mindestens ein Feuchtgebiet in seinem Hoheitsgebiet als »Feuchtgebiet internationaler Bedeutung« zu benennen (Bundesministerium für Umwelt, Naturschutz, nukleare Sicherheit und Verbraucherschutz (2021): Ramsar-

Konvention). Durch Bewahrung des ökologischen Zustandes, Biotopmanagement und nachhaltige Nutzung soll die Erhaltung und Förderung dieser Gebiete gesichert werden. Zusätzlich sollen auch alle übrigen Feuchtgebiete so weit wie möglich nachhaltig genutzt werden. Zu der Konvention gehören neben Deutschland 171 weitere Vertragsstaaten. Diese haben insgesamt eine Fläche von 2,4 Millionen Quadratkilometern als Feuchtgebiete internationaler Bedeutung gemeldet. Deutschland hat 35 Feuchtgebiete gemeldet.

Als Leitfaden zum Übereinkommen über Feuchtgebiete hat das Bundesministerium für Umwelt, Naturschutz und Reaktorsicherheit das sogenannte »Handbuch der Ramsar-Konvention« veröffentlicht.

UN-Konferenz Rio

Um Öko- und deren Subsysteme zu schützen, wurden auf der UN-Konferenz für Umwelt und Entwicklung 1992 in Rio de Janeiro drei internationale Übereinkommen vereinbart.

• Übereinkommen über biologische Vielfalt

Das Übereinkommen über biologische Vielfalt (Convention on Biological Diversity, CBD) dient dem Schutz von Boden. Es sieht jedoch keine bodenspezifischen Anforderungen vor (Bundesministerium für Umwelt, Naturschutz, nukleare Sicherheit und Verbraucherschutz 2022: Das Internationale Übereinkommen über die biologische Vielfalt).

Das Übereinkommen über die biologische Artenvielfalt ist ein internationales Abkommen im Bereich nachhaltige Nutzung der Ressourcen und Naturschutz. Es umfasst 196 Mitgliedsstaaten. Das Übereinkommen wurde bei der Konferenz der Vereinten Nationen unterzeichnet. Auch Deutschland ist seit 1993 Vertragspartei. Das Abkommen verfolgt drei große Ziele:

a. Erhaltung biologischer Vielfalt
b. Nachhaltige Nutzung biologischer Vielfalt
c. Gerechte Aufteilung der Vorteile, die sich aus der Nutzung genetischer Ressourcen ergeben

Weltweit ist zu beobachten, dass es zu einer immer stärkeren Verarmung der Natur kommt. Das Ziel ist, die Vielfalt des Lebens auf der Erde zu schützen und zu erhalten und dafür eine nachhaltige Nutzung der Ressourcen zu organisieren. Anders als der klassische Naturschutz versucht das Übereinkommen, Ökologie, Ökonomie und Soziales zu vereinen.

In Nagoya wurde 2010 dann zusätzlich der »Strategische Plan für Biodiversität 2011–2020« beschlossen. Da Nagoya Teil der japanischen Provinz Aichi ist, wird von den Aichi-Zielen gesprochen. Der Plan enthält fünf strategische Ziele, die durch 20 konkrete Handlungsfelder beschrieben werden. Innerhalb des flexiblen Rahmens sollen die Vertragsparteien nationale und regionale Ziele festlegen. Durch die Aichi-Ziele sollte der Verlust der genetischen Vielfalt aufgehalten werden, sodass im Jahr 2020 die Ökosysteme widerstandsfähig und stabilisiert sind. Dadurch sollte gewährleistet werden, dass Ökosystemdienstleistungen der Menschheit weiterhin bereitgestellt werden können. Das Ergebnis des strategischen Plans fällt jedoch ernüchternd aus. Nur sechs der konkreten Handlungsfelder wurden teilweise erreicht und keines der 20 Ziele wurde vollständig erreicht.

Die Vertragsstaaten wollen sich auf der 15. Vertragsstaatenkonferenz in Kunming mit einem neuen »Globalen Rahmen für Biodiversität« dazu verpflichten, die Konvention bis 2030 umzusetzen. Im Dezember 2022 soll während der zweiten Phase der UN-Biodiversitätskonferenz ein globaler Rahmen für die biologische Vielfalt nach 2020 verabschiedet werden (Bundesministerium für wirtschaftl. Zusammenarbeit und Entwicklung 2022: Neue Biodiversitätsziele bis 2030).

Unternehmen sollten, um das Übereinkommen über die biologische Vielfalt zu unterstützen, darauf achten, dass der Gewinn von Rohstoffen und die Herstellung von Produkten die Biodiversität global schützt und fördert.

- **Übereinkommen der Vereinten Nationen zur Bekämpfung der Wüstenbildung (Wüstenkonvention)**

Es ist der erste und einzige international rechtsverbindliche Rahmen, um das Problem der Wüstenbildung anzugehen. Als wesentliche Ziele wurden die Bekämpfung der Wüstenbildung und die Milderung der Dürrefolgen festgelegt. Wenn es um den Verlust von Menschenleben geht, ist Dürre eine der zerstörerischsten Naturkatastrophen. Dürre und Wüstenbildung werden durch intensive Landwirtschaft, Überweidung und Gewinnung von Ressourcen verursacht. Durch Bodendegradation und den Klimawandel nehmen Dürren an Umfang und Häufigkeit zu. Von den Folgen der Wüstenbildung sind jedes Jahr 55 Millionen Menschen betroffen. Schätzungsweise könnten bis 2050 drei Viertel der Weltbevölkerung von Dürren betroffen sein. Wüstenbildung ist ein dringendes und globales Problem (United Nations 2022).

Inzwischen haben sich mehr als 180 Länder dem Übereinkommen angeschlossen. Mehr als 50 Länder haben sich bereits Ziele gesetzt und sind dabei, innovative Programme und Projekte zu entwickeln. Der Neutrality Fund ist ein

Investitionsinstrument, dass sich der Umsetzung der SDGs (Ziele für nachhaltige Entwicklung) widmet und Kapital für nachhaltige Landbewirtschaftung und Landschaftswiederherstellung weltweit beschafft.

- **Klimarahmenkonvention**

Das Ziel der Klimarahmenkonvention ist es, anthropogene (menschengemachte) Treibhausgase zu minimieren, sodass das Klima nicht weiter durch den Menschen beeinflusst wird und sich verändert.

Die Klimarahmenkonvention sieht vor, dass eine Störung des Klimasystems verhindert wird und sich die Treibhausgaskonzentration auf einem niedrigen Level stabilisiert. Das soll Ökosystemen einen Zeitraum verschaffen, sich an ein verändertes Klima anzupassen und sich zu regenerieren. Die 197 Mitgliedstaaten haben sich durch das Unterzeichnen der Klimarahmenkonvention dazu verpflichtet, eine »gefährliche« Störung des Klimasystems zu verhindern. Was genau unter »gefährlicher« Störung zu verstehen ist und welche Maßnahmen eingeleitet werden sollen, wurde nicht definiert.

COP 3 – Kyoto

In der internationalen Klimapolitik gilt das Protokoll von Kyoto zum Rahmenübereinkommen der Vereinten Nationen über Klimaänderungen, kurz Kyoto-Protokoll, als einer der Meilensteine. Das Kyoto-Protokoll ist ein Zusatzprotokoll mit dem Ziel des Klimaschutzes. Das Abkommen wurde 1997 festgelegt und ist 2005 in Kraft getreten. Es legt verbindliche Zielwerte für den Treibhausgas-Ausstoß fest. Das erste der beiden Kyoto-Protokolle berücksichtigt den Zeitraum von 2005 bis 2012.

COP 16 – Cancun

2010 haben die Mitgliedsstaaten auf der Vertragsstaatenkonferenz in Cancún beschlossen, dass der globale Temperaturanstieg auf 2° C begrenzt werden soll, um eine Abschwächung des Klimawandels zu bewirken. Dieser Beschluss wird als 2-Grad-Obergrenze bezeichnet (Bundesministerium für Umwelt, Naturschutz, nukleare Sicherheit und Verbraucherschutz 2022: Klimaschutz).

COP 18 – Doha

Auf der UN-Klimakonferenz 2012 in Doha (Katar) haben die Mitgliedsstaaten eine Verlängerung des Kyoto-Protokolls bis 2020 beschlossen, das Kyoto-Protokoll 2.

COP 21 – Paris

2015 hat das Übereinkommen von Paris stattgefunden. Mit Blick auf die Klimarahmenkonvention und dem Oberziel, die Belastung des Klimas zu verhindern, wurden drei konkrete, langfristige Ziele verabschiedet. Neben ökologischen Aspekten wird dabei auch die soziale und ökonomische Nachhaltigkeit berücksichtigt:

a. Eins der drei Ziele des Übereinkommens von Paris ist das 1,5-Grad-Ziel. Es soll dem globalen Temperaturanstieg entgegenwirken und das 2-Grad-Ziel ablösen.
b. Zweitens soll die Fähigkeit zur Anpassung an die nachteiligen Auswirkungen der Klimaänderungen und die Widerstandsfähigkeit gegenüber Klimaänderungen erhöht werden. Außerdem soll eine Entwicklung gefördert werden, die weniger Treibhausgase verursacht, sodass die Nahrungsmittelerzeugung nicht gestört wird.
c. Als dritter Punkt wurde beschlossen, dass Finanzmittelflüsse unter Berücksichtigung einer emissionsarmen und gegenüber dem Klima widerstandsfähigen Entwicklung in Einklang gebracht werden.

Um sicherzustellen, dass die Ziele erfüllt werden, findet alle fünf Jahre eine globale Bestandsaufnahme statt (Bundesministerium für Wirtschaft und Klimaschutz 2022). Ab 2025 müssen die nationalen Klimaschutzbeiträge alle fünf Jahre fortgesetzt und gesteigert werden.

Die Staaten legen ihre nationalen Klimaschutzbeiträge (Nationally Determined Contributions – NDCs) selbst fest. 2021 wurden die NDCs neu vorgelegt. Eine Zusammenrechnung der NDCs ergab, dass diese nicht ausreichend sind, um die Erderwärmung auf unter 2° C zu begrenzen. Es ist deshalb besonders wichtig, weiterhin neue und ambitionierte Ziele festzulegen.

COP 27 – Sharm el sheikh

Anfang November 2022 fand die 27. UN-Klimakonferenz statt. Vertreterinnen und Vertreter von 198 Staaten trafen sich in Scharm El-Scheich (Ägypten), um über Klimapolitik zu verhandeln.

Das Motto der COP 27 lautete »Together for just, ambitious implementation NOW (»Gemeinsam für eine gerechte, ambitionierte Umsetzung JETZT«). Das primäre Thema war die Nachbesserung der weltweit vereinbarten Klimaziele. Die konkrete Umsetzung der bereits 2015 im Pariser Klimaabkommen vereinbarten Ziele für mehr Klimaschutz und vor allem der Begrenzung der Erderwärmung auf 1,5° C stand im Fokus der COP 27. Dafür wurden vier Hauptziele verfolgt:

1. **Eindämmung:** Senkung der Treibhausgasemissionen zur Verhinderung einer Erderwärmung von über 1,5° C
2. **Anpassung:** Anpassung zum Umgang mit den Folgen der globalen Erwärmung
3. **Finanzierung:** Finanzierung von Klimaschutz und Ausgleichszahlungen für Klimafolgeschäden in Entwicklungsländern
4. **Zusammenarbeit:** Zusammenarbeit von Regierungen, NGOs, der Zivilgesellschaft und der Wirtschaft

Im Gegensatz zu den Vorjahren beschloss das Konferenzplenum, Finanzhilfen für ärmere Länder zur Bewältigung klimabedingter Schäden als eigenen Punkt auf die Verhandlungsagenda zu setzen. Es soll ein globaler Schutzschirm gegen Klimarisiken aufgespannt werden.

Auf der COP 27 veröffentlichte die Weltorganisation für Meteorologie zudem eine vorläufige Fassung ihres Klimazustandsberichts. Demnach seien die letzten acht Jahre die heißesten Jahre seit Beginn der Aufzeichnungen. Gegenüber 1990 sei der Anstieg der Meeresspiegel zuletzt doppelt so stark gewesen. Außerdem habe die Konzentration von Methan, Kohlendioxid und Lachgas im Jahr 2021 einen neuen Höchststand erreicht. Auch das Schmelzen der Gletscher sei so stark wie nie zuvor.

10 Danksagung

Wir möchten uns an dieser Stelle ganz herzlich bei Alexandra Probst und Dominik Köditz für die Unterstützung bei der Recherche und der Verfassung der Beiträge bedanken. Zudem möchten wir Melina Bock für ihre großartigen Illustrationen danken.

Weiterhin danken wir Dr. Markus Müschenich, Laura Wamprecht, Pfarrer Ulrich Lilie und Thomas Katzenmayer für ihre Gedanken zum Thema Nachhaltigkeit im Gesundheitswesen.

Außerdem danken wir dem Kohlhammer-Verlag für seine Anfrage an uns, dieses Buch zu schreiben. Im Rahmen des Verfassens haben wir viele Dinge gelernt und sind selbst noch tiefer in einige Teilaspekte der Nachhaltigkeit eingestiegen.

Nicht zuletzt danken wir den Mitarbeiter:innen von AGAPLESION, die die Relevanz der Nachhaltigkeit erkannt haben und sich in ihren persönlichen Wirkungsfeldern bereits für das Thema engagieren.

Verzeichnisse

Abkürzungsverzeichnis

AD	Ambulanter Dienst
ADFC	Allgemeinen Deutschen Fahrrad-Club
AGA	AGAPLESION
BDA	Bund Deutscher Anästhesisten
BGW	Berufsgenossenschaft für Gesundheitsdienst und Wohlfahrtspflege
BI	Business Intelligence
BIP	Bruttoinlandsprodukt
BVerfG	Bundesverfassungsgesetz
CBD	Convention on Biological Diversity
CH_4	Methan
CO_2	Kohlendioxid
CO_2-eq	CO2-Äquivalente
COP	Conference of the Parties
CSRD	Corporate Sustainability Reporting Directive
CSR-RUG	CSR-Richtlinie-Umsetzungsgesetz
DGAI	Deutsche Gesellschaft für Anästhesiologie und Intensivmedizin
DIN ISO	Deutsches Institut für Normung | International Organization for Standardization
DNK	Deutscher Nachhaltigkeitskodex
EFFAS	European Federation of Financial Analysts Societies
E-LKW	Elektro-Lastkraftwagen
EMAS	Eco-Management and Audit Scheme
ESRS	European Sustainability Reporting Standards
EU	Europäische Union

F-Gase	fluorierte Treibhausgase
FP	Führungsprozesse
gAG	gemeinnützige Aktiengesellschaft
GHG	Greenhouse Gas Protocol
GRI	Global Reporting Initiative
GWP	Global Warming Potential
HCB	Health Care Business GmbH
ICE	Intercity-Express
IPCC	Intergovernmental Panel on Climate Change
IT	Informationstechnik
ITCR	International Training Center Rating®
KH	Krankenhaus
KP	Kernprozesse
KrWG	Kreislaufwirtschaftsgesetz
KSG	Klimaschutzgesetz
LED	Leuchtdiode (light-emitting diode)
MVZ	Medizinische Versorgungszentrum
N_2O	Lachgas
NABU	Naturschutzbundes
NDC	Nationally Determined Contributions
NF_3	Stickstofftrifluorid
NFRD	Nonfinancial Reporting Directive
OP	Operation
PET	Polyethylenterephthalat
PVC	Polyvinylchlorid
PV-T Kollektoren	Photovoltaikthermische Kollektoren
ROI	Return on Investment
SABS	European Federation of Financial Analysts Societies
SDG	Sustainable Development Goals

SF_6	Schwefelhexafluorid
SSE	Steady State Economy
SUV	Sport Utility Vehicle
THG	Treibhausgas
TIVA	Total intravenöse Anästhesie
UN	United Nations
UP	Unterstützungsprozesse
UV-Strahlung	Ultraviolett-Strahlung
VdDD	Verband diakonischer Dienstgeber in Deutschland
VW	Volkswagen
WMO	World Meteorological Organization
WuP	Wohn- und Pflegeeinrichtung
WWF	World Wide Fund for Nature

Abbildungsverzeichnis

Bildnachweise (Piktogramme in Abbildungen)

Abb. 10: Rubbish bin (©flaticon/Freepik)
Recycling (©flaticon/Freepik)
Recycling (©flaticon/Freepik)
Fire (©flaticon/Freepik)
Delete (©flaticon/Freepik)

Abb. 19: Men and women welcoming people with disabilities (©Freepik/pch.vector)

Abb. 35: Electric Light bulb (©flaticon/Freepik)
Bus side view (©flaticon/Freepik)
Portable Fridge (©flaticon/Freepik)
Buildings (©flaticon/Made by Made)
Lorry (©flaticon/Smashicons)
Store (©flaticon/monkik)
Energy saving (©flaticon/Good Ware)
Grocery (©flaticon/Freepik)
Factory (©flaticon/Good Ware)
Factory (©flaticon/srip)
Smoke (©flaticon/pongsakornRed)
Pallet (©flaticon/pongsakornRed)
Departures (©flaticon/Kiranshastry)
Ambulance (©flaticon/Kiranshastry)
Gear (©flaticon/catkuro)
Coins (©flaticon/photo3idea_studio)
Rubbish bin (©flaticon/Freepik)
Abb. 36 Close (©flaticon/Freepik)
Shopping cart of checkered design (©flaticon/Freepik)
Crystal (©flaticon/Freepik)
Rubbish bin (©flaticon/Freepik)
Factory (©flaticon/srip)
Lorry (©flaticon/Smashicons)
Bike (©flaticon/Google)

Tabellenverzeichnis

Tab. 1: Testen Sie sich selbst: Welcher Nachhaltigkeitstyp sind Sie? ... 21
Tab. 2: Auszug Nachhaltigkeit in der AGAPLESION Konzernstrategie ... 52
Tab. 3: Übersicht DIN ISO 26000 ... 94
Tab. 4: Auszug Gap-Analyse ... 99
Tab. 5: Abgleich DIN ISO 26000 mit CSRD ... 106

Literaturverzeichnis

Aachener Stiftung (2015): DVFA – Schlüsselkriterien zur Nachhaltigkeit (ESG-KPI). Abgerufen am 08.11.2022 von https://www.nachhaltigkeit.info/artikel/dvfa_schluesselkriterien_zur_nachhaltigkeit_esg_k_1630.htm.

AGAPLESION gAG (2022): AGAPLESION Leitbild. Abgerufen am 23.11.2022 von https://www.agaplesion.de/fileadmin/Agaplesion_gAG/Downloads/Leitbild_AGAPLESION.pdf.

ARUP (2019): HEALTH CARE'S CLIMATE FOOTPRINT: How the Health Sector contributes to the global Climate Crisis and Opportunities for action. Health Care Without Harm Climate-smart health care series: Green Paper Number One. Abgerufen am 08.11.2022 von https://www.arup.com/perspectives/publications/research/section/healthcares-climate-footprint.

Bendix, J., Luterbacher, J. (2019): Klimatologie. Braunschweig: Westermann Gruppe.

Bundesministerium für Arbeit und Soziales (2022): Gesetz über die unternehmerischen Sorgfaltspflichten in Lieferketten. Abgerufen am 08.11.2022 von https://www.bmas.de/DE/Service/Gesetze-und-Gesetzesvorhaben/gesetz-unternehmerische-sorgfaltspflichten-lieferketten.html;jsessionid=AF168924C35D2BD1649C4A279EAD62DD.delivery2-replication.

Bundesministerium für Umwelt, Naturschutz, nukleare Sicherheit und Verbraucherschutz (03.11.2021): Klimaschutzbericht. Abgerufen am 23.11.2022 von https://www.bmuv.de/fileadmin/Daten_BMU/Download_PDF/Klimaschutz/klimaschutzbericht_2021_bf.pdf.

Bundesministerium für Umwelt, Naturschutz, nukleare Sicherheit und Verbraucherschutz (02.2014): Gesellschaftliche Verantwortung von Unternehmen. Berlin.

Bundesministerium für Umwelt, Naturschutz, nukleare Sicherheit und Verbraucherschutz (12.05.2021): Tag der Pflege. Abgerufen am 08.11.2022 von https://www.bmuv.de/pressemitteilung/tag-der-pflege-svenja-schulze-ueberreicht-foerderbescheide-an-pflegeeinrichtungen.

Bundesministerium für Umwelt, Naturschutz, nukleare Sicherheit und Verbraucherschutz (01.02.2021): Ramsar-Konvention. Abgerufen am 08.11.2022 von https://www.bmuv.de/themen/naturschutz-artenvielfalt/naturschutz-biologische-vielfalt/biologische-vielfalt-international/ramsar-konvention.

Bundesministerium für Umwelt, Naturschutz, nukleare Sicherheit und Verbraucherschutz (2022). Klimaschutz. Abgerufen am 08.11.2022 von https://www.bmuv.de/themen/klimaschutz-anpassung/klimaschutz.

Bundesministerium für Umwelt, Naturschutz, nukleare Sicherheit und Verbraucherschutz (21.10.2022): Das Internationale Übereinkommen über die biologische Vielfalt. Abgerufen am 08.11.2022 von https://www.bmuv.de/themen/naturschutz-artenvielfalt/naturschutz-biologische-vielfalt/biologische-vielfalt-international/das-internationale-uebereinkommen-ueber-die-biologische-vielfalt#:~:text=Das %20%C3%9Cbereinkommen %20%C3%BCber %20die %20biologische,nach.

Bundesministerium für Wirtschaft und Klimaschutz (2022): Abkommen von Paris. Abgerufen am 08.11.2022 https://www.bmwk.de/Redaktion/DE/Artikel/Industrie/klima

schutz-abkommen-von-paris.html#:~:text=Das %20Abkommen %20von %20Paris % 20verfolgt,auf %201 %2C5 %20Grad %20Celsius.

Bundesministerium für wirtschaftl. Zusammenarbeit und Entwicklung (2022): Neue Biodiversitätsziele bis 2030. Abgerufen am 08.11.2022 von https://www.bmz.de/de/themen/biodiversitaet/hintergrund/neue-biodiversitaetsziele-66242.

Bundeszentrale für politische Bildung (2016): Schöpferische Zerstörung. Abgerufen am 08.11.2022 von https://www.bpb.de/kurz-knapp/lexika/lexikon-der-wirtschaft/20588/schoepferische-zerstoerung.

CDU-NRW (2022): ZUKUNFTSVERTRAG FUR NORDRHEIN-WESTFALEN. Abgerufen am 08.11.2022 von https://www.cdu-nrw.de/sites/www.neu.cdu-nrw.de/files/zukunftsvertrag_cdu-grune.pdf.

Costello, A. e. (2009): Managing the health effect of climate change. THE LANCET (373).

Deutsche Umwelthilfe (09.06.2021): Deutsche Umwelthilfe vergibt Goldenen Geier 2021 für die »Dreisteste Umweltlüge des Jahres« an Energiekonzern RWE. Abgerufen am 08.11.2022 von https://www.duh.de/presse/pressemitteilungen/pressemitteilung/deutsche-umwelthilfe-vergibt-goldenen-geier-2021-fuer-die-dreisteste-umweltluege-des-jahres-an-energ/.

DQS (07.2021): CSR Wesentlichkeitsanalyse. Frankfurt am Main.

Duarte, N., Sanchez, P. (2017): Illuminate. Wie Sie mit überzeugender Kommunikation Ihre Mitarbeiter für den Wandel begeistern. Weinheim.

EMAS (2022): Ressourcensparendes Umweltmanagement mit EMAS. Abgerufen am 08.11.2022 von https://www.emas.de/was-ist-emas.

EMASplus (2022): Das EMASplus System. Abgerufen am 08.11.2022 von https://www.emasplus.org/das-system.

EnergyComment (2021): RWE – Vom Winde verweht? – Eine Kurzanalyse. Abgerufen am 08.11.2022 von https://www.greenpeace.de/publikationen/kurzanalyse_rwe_-_vom_winde_verweht_maerz_2021.pdf.

European Commission (2022): Statistics & graphs. Abgerufen am 08.11.2022 von https://ec.europa.eu/environment/emas/emas_registrations/statistics_graphs_en.htm.

Greenhouse Gas Protocol (2022): We set the standards to measure and manage emissions. Abgerufen am 08.11.2022 von https://ghgprotocol.org/.

Greenwood, T. (2021): Nachhaltiges Webdesign. Nürnberg.

GRI (2022): Get started with reporting. Abgerufen am 08.11.2022 von https://www.globalreporting.org/how-to-use-the-gri-standards/get-started-with-reporting/.

Hankeln, U. (2022): Vermeiden, Reduzieren, Wiederverwerten: Aktuelle und künftige Entsorgungskonzepte im klinischen Alltag. In J. Werner, T. Kaatze, A. Schmidt-Rumposch, Green Hospital. Nachhaltigkeit und Ressourcenschonung im Krankenhaus. Berlin.

Hardtke, A., Prehn, M. (2001): Nachhaltigkeit im globalen Kontext. Vom Leitbild zur Erfolgsstrategie. Wiesbaden.

Horneber, M. (1995): Innovatives Entsorgungsmanagement. Methoden und Instrumente zur Vermeidung und Bewältigung von Umweltbelastungsproblemen. Göttingen: Vandenhoeck und Ruprecht.

Horneber, M., Schoenauer, H. (2011): Lebensräume – Lebensträume. Innovative Konzepte und Dienstleistungen für besondere Lebenssituationen. Stuttgart.

ISO Standards (2022): ISO 26000:2010. Abgerufen am 08.11.2022 von https://www.iso.org/standard/42546.html.

ISO Standards (2022): ISO 14001 and related standards. Abgerufen am 08.11.2022 von https://www.iso.org/iso-14001-environmental-management.html.

KLIK green (2022): Projektbeschreibung. Abgerufen am 08.11.2022 von https://www.klik-krankenhaus.de/das-projekt/projektbeschreibung.

KLIK green (2022): Suche nach Maßnahmen. Abgerufen am 08.11.2022 von https://www.klik-krankenhaus.de/klik-datenbank/suche-nach-massnahmen.

Deutsches Klimakonsortium (09.2022): Was wir heute übers Klima wissen. Abgerufen am 29.11.2022 von https://www.klimafakten.de/sites/default/files/downloads/waswiruebersklimawissen-akt202222-09-23druck.pdf.

Köcher, R. (20.09.2022): Zeit der Entscheidung. Trotz vieler Krisen glaubt die Mehrheit an den Sieg freier Gesellschaften. FAZ (288).

Landgericht Kleve (2022): Urteil vom 22.06.2022, Az. 8 O 44/21.Abgerufen am 29.11.2022 von https://rewis.io/urteile/urteil/twl-22-06-2022-8-o-4421/?q=.

Lenzen-Schulte, M. (2019): Medizinische Abfallentsorgung: Wenn Abfall nicht einfach Müll ist. Abgerufen am 29.11.2022 von https://www.aerzteblatt.de/archiv/204540/Medizinische-Abfallentsorgung-Wenn-Abfall-nicht-einfach-Muell-ist.

Lin-Hi, N. (2022): Greenwashing. Abgerufen am 29.11.2022 von https://wirtschaftslexikon.gabler.de/definition/greenwashing-51592.

Lovelock, J. (2020): Novozän. Das kommende Zeitalter der Hyperintelligenz. München.

Müller-Jung, J. (20.09.2022): Von Daten-Musen geküsst. Lauter Wohlgefühl und eine Zukunft ohne Kränkelei? FAZ (228).

Müller-Prothmann, T., Dörr, N. (2011): Innovationsmanagement. Strategien, Methoden und Werkzeuge für systematische Innovationsprozesse. München.

Nachhaltigkeit.org. (07.11.2022): Umwelt. Abgerufen am 29.11.2022 von https://www.nachhaltigkeit.org/umwelt.

Naisbitt, J., Aburdene, P. (1992): Megatrends 2000. Zehn Perspektiven für den Weg ins nächste Jahrtausend. Düsseldorf.

United Nations (2022): Convention to Combat Desertification. Abgerufen am 29.11.2022 von https://www.unccd.int/.

Nefiodow, L. (2006): Der sechste Kondratieff. Wege zur Produktivität und Vollbeschäftigung im Zeitalter der Information. (Bd. 6. überarbeitete Auflage). Bonn.

Paeger, J. (11. November 2022): Ökosystem Ede. Abgerufen am 29.11.2022 von https://www.oekosystem-erde.de/html/okosystem_erde.html.

Europäisches Parlament (26.06.2020): Grüner Deal – Schlüssel zu einer klimaneutralen und nachhaltigen EU. Abgerufen am 23. 11 2022 von https://www.europarl.europa.eu/news/de/headlines/society/20200618STO81513/gruner-deal-schlussel-zu-einer-klimaneutralen-und-nachhaltigen-eu.

Rat für Nachhaltige Entwicklung (2020): Leitfaden zum Deutschen Nachhaltigkeitskodex. Abgerufen am 08.11.2022 von https://www.deutscher-nachhaltigkeitskodex.de/de-DE/Documents/PDFs/Sustainability-Code/Leitfaden-zum-Deutschen-Nachhaltigkeitskodex.aspx.

RKI (09.09.2022): Klimawandel und Gesundheit. Abgerufen am 23. 11 2022 von https://www.rki.de/DE/Content/GesundAZ/K/Klimawandel_Gesundheit/Klimawandel_Gesundheit_node.html.

Römerbrief (55/56 n.Chr.): Römer 12,2. Abgerufen am 08.11.2022 von https://www.bibleserver.com/de/verse/R %C3 %B6mer12,2.

RWE (2022): Das beste Energieunternehmen, das wir sein können!. Abgerufen am 08.11.2022 von https://www.rwe.com/.

SABS STANDARDS (2022): About Us. Abgerufen am 08.11.2022 von https://www.sasb.org/about/.

Science Based Targets (2022): Ambitious corporate climate action. Abgerufen am 23.11.2022 von https://sciencebasedtargets.org/.

Statista (01.04.2022): Anteil der Energieträger an der Stromerzeugung des Energiekonzerns RWE im Jahr 2021. Abgerufen am 08.11.2022 von https://de.statista.com/statistik/daten/studie/184795/umfrage/anteil-der-energietraeger-an-der-stromerzeugung-von-rwe/.

Tagesschau (15.10.2022): Warnung vor Kipppunkten bei Artensterben. Abgerufen am 09.11.2022 von https://www.tagesschau.de/wissen/forschung/artensterben-kipppunkte-101.html.

Thieme kma-online (09.09.2022): Handlungsempfehlungen für ein klimaneutrales Krankenhaus. Abgerufen am 29.11.2022 von https://www.kma-online.de/aktuelles/management/detail/handlungsempfehlungen-fuer-ein-klimaneutrales-krankenhaus-48421.

Umwelt Bundesamt (15.03.2021): Ursachen. Abgerufen am 29.11.2022 von https://www.umweltbundesamt.de/themen/klima-energie/klimawandel/haeufige-fragen-klimawandel?sprungmarke=klima#ursachen.

Umwelt Bundesamt (11.08.2021): Was ist eigentlich Klima?. Abgerufen am 29.11.2022 von https://www.umweltbundesamt.de/service/uba-fragen/was-ist-eigentlich-klima.

Umwelt Bundesamt (15.03.2022): Treibhausgas-Emissionen in Deutschland. Abgerufen am 29.11.2022 von https://www.umweltbundesamt.de/daten/klima/treibhausgas-emissionen-in-deutschland#emissionsentwicklung.

Umwelt Bundesamt (09.02.2022): Treibhausgasminderungsziele Deutschlands. Abgerufen am 29.11.2022 von https://www.umweltbundesamt.de/daten/klima/treibhausgasminderungsziele-deutschlands#internationale-vereinbarungen-weisen-den-weg.

UN Global Compact Netzwerk Deutschland (2022): Sustainable Development Goals. Abgerufen am 08.11.2022 von https://www.globalcompact.de/themen/sustainable-development-goals.

UN Global Compact Netzwerk Deutschland (2022): Initiative für nachhaltige und verantwortungsvolle Unternehmensführung. Abgerufen am 08.11.2022 von https://www.globalcompact.de/?saveOptinHistory=&cHash=6366bd46169a75e5b4e9ee36d45e79fc.

Viamedica (2016): Energiesparfibel. Abgerufen am 08.11.2022 von https://www.viamedica-stiftung.de/fileadmin/user_upload/Materialien/Energiesparfibel_web.pdf.

Volkswagen (2022): Von der Wiege bis zur Bahre. Abgerufen am 13.11.2022 von https://www.volkswagenag.com/de/news/stories/2019/04/from-the-well-to-the-wheel.html.

Wirtschaftslexikon (2022): Exploration. Abgerufen am 29.11.2022 von http://www.wirtschaftslexikon24.com/d/extrapolation/extrapolation.htm.

Wolters, S., Schaller, S., Götz, M. (07.2018): Freiwillige CO2-Kompensation. Abgerufen am 29.11.2022 von https://www.umweltbundesamt.de/sites/default/files/medien/376/publikationen/ratgeber_freiwillige_co2_kompensation_final_internet.pdf.
World Meteorological Organization (31.10.2021): State of Climate in 2021 – Extreme events and major impacts. Abgerufen am 08.11.2022 von https://public.wmo.int/en/media/press-release/state-of-climate-2021-extreme-events-and-major-impacts.
WWF (10.06.2020): Ramsar-Konvention – Schutz der Feuchtgebiete. Abgerufen am 08.11.2022 von https://www.wwf.de/themen-projekte/fluesse-seen/wasser-politik-maerkte/ramsar-konvention/.

Stichwortverzeichnis